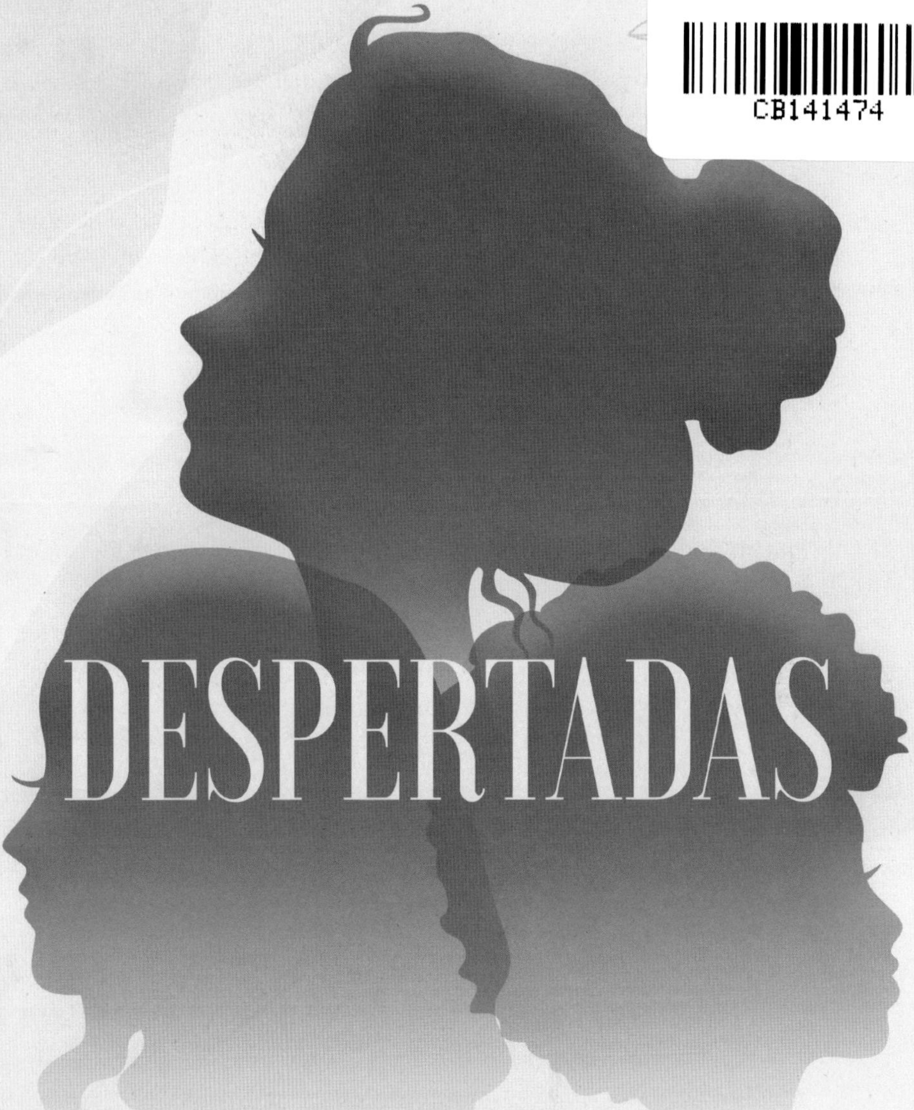

DESPERTADAS

HISTÓRIAS DE MULHERES QUE DESPERTARAM PARA VIVER O PROPÓSITO

EDITORA CHAVE MESTRA®

Título original em Português:
Despertadas – Histórias de mulheres que despertaram
para viver o propósito

Direção editorial: Raquel Medeiros
Coordenação de revisão: Híllona Anjos
Revisão: Gustavo Oliveira
Assistente editorial: Amanda Oliveira
Diagramação: Daniel Marchesani e Weslei Eugênio
Design de capa: Matheus Francelino da Silva

Dados Internacionais de Catalogação na Publicação (CIP)

Vale, Rogério (Organizador)
V149 Despertadas - Histórias de mulheres que despertaram para viver o propósito / Rogério Vale (Org) – Barueri, SP: Chave Mestra Editora, 2023. 184 p.: 16 x 23 cm

ISBN 978-65-84979-61-1

1. Desenvolvimento pessoal. 2 Espiritualidade. 3. Vida Cristã. 4. Riqueza. 5. Inteligência Espiritual. I. Título.

CDD 158.1

EDITORA
CHAVE MESTRA®

SUM

ARIO

PREFÁ

Seja bem-vinda ao mundo das Despertadas! Este projeto nasceu no coração Deus e tive o privilégio de ser escolhida para dar voz a essas mulheres incríveis que prontamente responderam ao seu chamado. Antes de embarcar na jornada das histórias contidas neste livro, gostaria de compartilhar um pouco da minha jornada de autodescoberta e transformação, que me levou a enfrentar os desafios mais difíceis que já vivi. Uma poderosa narrativa de superação, determinação e renascimento, durante meu processo de cura da "Síndrome da Compulsão por agradar ". Em um passado não tão distante, minha vida parecia perfeita, eu me sentia como uma princesa, porém estava prestes a descobrir que, por vezes, a vida nos obriga a despertar nossa força interior.

Tudo mudou quando me deparei com uma traição que abalou meu mundo e me deixou desamparada, humilhada e abandonada. No entanto, desistir não era uma opção, pois tinha um filho pequeno que dependia de mim. Com coragem e o apoio de amigos, deixei para trás a casa onde vivíamos e comecei do zero.

Decidi, então, reconstruir minha vida. Matriculei-me na faculdade, vendi quentinhas, trabalhei sob sol e chuva, mas nunca deixei de acreditar em mim mesma. No meio de tantos desafios, surgiu uma oportunidade de emprego em uma multinacional, contudo, a pandemia chegou e tudo mudou novamente.

Diante dessa adversidade, tive duas opções: vitimizar-me ou despertar. Optei pela segunda alternativa, mesmo sem saber o que o futuro reservava. Sem recursos, criei minha própria agência de marketing online. Munida apenas de um computador velho e um celular simples, enfrentei cada obstáculo com fé e determinação.

Após meses de esforço incansável, finalmente conquistei meu primeiro cliente! A partir daí, as peças começaram a se encaixar. Com o tempo, minha agência tornou-se um sucesso e tive a oportunidade de ajudar muitas pessoas. Mas eu não me contentei com isso.

Quando abandonei o papel de "boazinha", alguém que sempre se doava aos outros em detrimento de si mesma, finalmente pude descobrir uma nova versão de mim mesma. Tornei-me uma mulher corajosa, forte, que impõe respeito e estabelece limites, sem se sentir culpada por dizer "não" quando necessário.

Minha jornada não foi apenas sobre alcançar o sucesso profissional, mas também sobre me tornar uma pessoa mais autoconfiante. Ao superar a "Síndrome da Compulsão por agradar ", descobri o poder de assumir o controle da minha própria vida e influenciar meu futuro.

Hoje, sou palestrante, mentora, terapeuta e autora de *best-seller*, dedicando-me a ajudar mulheres a identificarem essas limitações e superá-las.

Com muito orgulho, apresento "Despertadas", uma obra que mergulha nas experiências de mulheres reais, revelando como elas enfrentaram as situações mais difíceis e improváveis de suas vidas e descobriram seu poder interior. Ao acompanhar suas histórias, você perceberá que não está so-

CIO

zinha nessa jornada e que é possível romper com padrões negativos para alcançar uma vida incrível.

Este livro traz uma importante reflexão sobre o reconhecimento de nossos desejos e necessidades, além de nos ensinar a estabelecer limites e valorizar a nós mesmas. Ele nos inspira a assumir o controle de nossas vidas, a enfrentar os problemas de frente e a nos libertar de relacionamentos e comportamentos tóxicos.

Identificando-se com essas personagens, você será incentivada a refletir sobre sua própria vida e questionar se está verdadeiramente vivendo de acordo com suas próprias vontades e valores.

"Despertadas" é um convite para despertar sua força interior, romper com as amarras da "Síndrome da Compulsão por agradar" ou qualquer outra ferida emocional que carregue, e buscar a felicidade e realização em todas as áreas de sua vida. Este livro é um guia prático, repleto de ensinamentos valiosos para ajudá-la a transformar sua vida e criar a realidade que deseja.

Chegou o momento de dar o primeiro passo em direção à sua própria transformação. Abrace a coragem, a determinação e a força que existe dentro de você. Seja parte dessa comunidade de mulheres despertadas que estão prontas para viver a vida com plenitude e autenticidade.

Junte-se a nós nesta jornada inspiradora de autodescoberta e crescimento. É hora de despertar o seu verdadeiro potencial e alcançar uma vida extraordinária.

Estou animada por você estar aqui e estou ansiosa para testemunhar sua própria transformação!

Chegou a hora...

Desperte, levante-se, transforme seu mundo!

Maeva Santiago

@oficialmaeva

conato@maevasantiago.com.br

Adriane Michely

Adriane Michely de Freitas, vinda de família humilde, sempre rodeada pelo saber e pela fé. Filha de Marilene e Aldiomar, esposa de João Borlido e mãe orgulhosa de Dra. Ana Lydia e Davy. Formada em Pedagogia e Psicopedagogia, se especializou em Autismo após descobrir as necessidades do seu filho.

Empreendedora e obstinada, fundou e ajudou a construir ONGs, creches e clínicas para autistas. Hoje trabalha como palestrante (terapeuta especialista no universo feminino) e escritora, ajudando pessoas a encontrarem seu propósito e motivação.

adrianemichely

adrianemfreitas@gmail.com

OS CAMINHOS QUE DEUS PERCORRE E TE LEVAM AO SONHO DA SUA VIDA

Por Adriane Michely

01

Quando olho para trás e reflito sobre a minha jornada, é impressionante saber que tudo o que aconteceu em minha vida contribuiu para o meu crescimento e fortalecimento emocional. Desde muito cedo, tive que enfrentar dores que poderiam ter me afundado, mas em vez disso, me impulsionaram a buscar uma vida melhor.

Aos 4 anos, testemunhei a partida da minha amada avó paterna, Ana Lydia. Essa perda profunda marcou minha infância e deixou uma cicatriz emocional por toda minha adolescência. A tristeza tornou-se uma constante em minha vida e passei a buscar a cura através de várias religiões. E foi em um livro que me encontrei: a Bíblia. (*João 8:32*).

Vinda de uma família pobre, com uma mãe professora e merendeira e um pai mecânico e compositor, a morte de minha avó despertou em mim um desejo ardente: um dia teria uma filha que se chamaria Ana Lydia. Essa promessa se tornou minha força motriz para enfrentar o que estava por vir.

Aos 12 anos, após pular de casa em casa devido à pobreza que assolava minha família, encontramos abrigo dentro de uma escola pública. Foi ali, naquele ambiente educacional, que minha história com a escrita começou a florescer. A biblioteca da escola tornou-se meu refúgio, e muitas vezes, durante a madrugada, eu avistava meu pai, um ávido leitor.

Foi nessa época que um novo sonho começou a tomar forma em minha mente: escrever um livro. Escrevi dois romances, um concluído, que uma professora daquela escola revisou e nunca me devolveu. Mas foi através da minha própria história de vida que encontrei inspiração para este capítulo.

Na adolescência, minha cama era cercada por pilhas de livros. Lia vorazmente, alimentando minha mente e imaginação com a literatura. Foi um período de aprendizado intenso, mas também de solidão constante.

Aos 14 anos, na mesma escola em que vivíamos, ouvi uma conversa entre as inspetoras sobre uma vaga de emprego. Mesmo morando e estudando na escola, minha família enfrentava dificuldades e dependia de doações. Com a notícia sobre a vaga, me candidatei e fui contratada. Comecei minha jornada como *office girl*, avançando para cargos de auxiliar de escritório, administrativa e financeira. Com determinação e perseverança, tornei-me gerente de departamento pessoal, trabalhando para uma renomada empresa como a Bosch. Por volta dos 18 anos, já havia conhecido meu marido, e passamos por muitos conflitos pela diferença de idade. (*Isaías 54:6*)

Apaixonei-me perdidamente e tive abortos durante esse período, mas não era o momento e prometi que jamais abortaria de novo uma vida (*Provérbios 28:13*). Engravidei novamente e as coisas seguiam bem, descobri algo que mudou minha forma de ver a vida: eu estava esperando uma menina, a Ana Lydia! (*Cantares de Salomão 3:9*).

Tive momentos de solidão enfrentando aquela gravidez tão sonhada sem meu esposo. Durante esse tempo, Deus era o bálsamo que me conduzia. E trabalhei arduamente para sustentar minha filha. Contei com o apoio de minhas irmãs, dos meus pais e parentes para trabalhar. Por muito tempo, carreguei nas costas uma mochila cheia de cicatrizes, mas estava só no meio do caminho.

Quando Ana Lydia tinha 3 anos, eu e seu pai resolvemos finalmente sermos uma família. Decidi sair do meu emprego e começar a trabalhar em casa para poder estar mais perto da minha filha. Fazia faxina, vendia roupas e trabalhava como demonstradora de mercado. Foi quando me vi grávida de novo. Mais uma vez perdida, Encontrei apoio em Deus e minha família. Foi a minha pior gravidez. Mas a melhor decisão que tomei na vida. (*Salmos 27:14*)

Foi uma vizinha que despertou em mim algo que jamais imaginei: ser professora. Lembro-me de ter enfrentado muito *bullying* e de ter sido humilhada pelos diretores e professores, pois achavam que, por morar naquele lugar, eu deveria ser um exemplo. Exemplo do que? Eu era uma menina!!!

Eu acreditava que os estudos não levariam a nada, apenas o trabalho duro. Continuei estudando, cheguei a fazer faculdade, mas foquei no trabalho. Foi quando a vizinha me apresentou a ideia de ser professora e seus benefícios. Surgiu uma oportunidade de estágio para trabalhar como mediadora de uma criança autista e eu aceitei.

Enquanto trabalhava nessa posição, descobri que Davy, meu filho, também era autista. Decidi estudar ainda mais sobre o assunto, me tornei psicopedagoga e me aprofundei no conhecimento sobre o autismo dos mais altos níveis da época.

Abandonei o emprego após perceber o sofrimento das famílias que não tinham recursos para tratar seus filhos. Não me considerava uma especialista em autismo, mas os tratamentos disponíveis eram muito caros, e o governo não fornecia apoio adequado para essas famílias.

Na verdade, eu acreditava que Ana Lydia era o meu presente de Deus, mas ela era o meu sonho. Tive dois sonhos na vida: ter a Ana Lydia em homenagem a minha avó e me tornar uma escritora. Foi quando Deus me disse que sonho a gente escolhe e presente ganhamos e ele me deu o presente que mudou toda minha vida...Davy!

Até então, eu havia realizado o meu primeiro sonho, mas com o nascimento do meu filho, toda a luta e dificuldades das mães que não tinham recursos para tratar seus filhos me transformaram em uma formadora de profissionais para crianças autistas. Com os recursos obtidos através do LOAS (Lei Orgânica de Assistência Social) do meu filho, uma herança da minha falecida dindinha e ajuda do meu esposo, abri uma ONG e comecei a oferecer cursos para capacitar pessoas. Fui fundadora e presidente dessa ONG, que atendia mais de 150 autistas. (*Colossenses 3:23*)

Após alguns anos, decidi passar a presidência para outra pessoa, pois conseguimos patrocínio de igrejas. Muitas pessoas se perdem quando se trata de dinheiro e eu abri mão da presidência e segui outro caminho, pois nunca busquei exposição ou fama. Abri uma clínica-escola para crianças autistas e passei alguns anos trabalhando nela. No entanto, meu marido tinha o sonho de ter sua própria empresa de distribuição na área farmacêutica, então abri mão do trabalho, para ajudar com a distribuidora.

Mesmo assim, continuei meu trabalho, ministrando palestras em igrejas, ONGs e mantendo meu consultório particular. Conforme as necessidades do meu filho cresciam, eu trabalhava arduamente para pagar suas terapias e me deparei com as questões do sistema público de saúde.Tornei-me uma militante pela inclusão dos autistas em diversos setores sociais. Quando meu filho completou 14 anos, no 3º ano escolar, ele foi convidado a sair da sala regular. Ele é totalmente dependente, não sabe ler nem escrever, eu mudei a vida de muitas pessoas com autismo, mas não consegui mudar a condição do meu filho que não sabe o básico para sobreviver sozinho.

Ele não podia mais frequentar a mesma classe, então teria que estudar em uma classe especial. Precisei encerrar meu consultório e abrir uma creche-escola, adaptando-me às necessidades do meu filho. Eu empreendi, eduquei e cuidei, coisas que nunca imaginei fazer na vida. Essa creche continuou atendendo pessoas autistas de qualquer idade, embora, não pudesse ser chamada de creche. Seria necessário ser um internato para acolher autistas até os 21 anos. No entanto, funcionava como uma creche.

Com o tempo, comecei a enfrentar crises de ansiedade, dores e minha saúde começou a falhar. O fardo de ser sempre uma empreendedora incansável estava me consumindo, até que parei em um hospital. Mesmo assim, continuei seguindo em frente. Então, veio a pandemia e o setor mais afetado foi o escolar. Foi nesse momento que tudo desmoronou para mim. Tudo o que eu havia construído entrou em colapso. Durante esse período, quebrei o pé esquerdo e precisei realizar duas cirurgias, com a inserção de quatro parafusos. Aquilo me fez repensar que era hora de parar, descansar e reavaliar minha vida. Entrei em um estado de depressão, incapaz de andar. Uma mulher que sempre foi ativa, agora precisava da ajuda e cuidado da família novamente.

Mesmo deitada na cama, eu continuava inspirando as pessoas a seguirem em frente. Uma delas foi minha afilhada, que me levava para a fisioterapia e passou a levar meu filho para suas sessões e decidiu se tornar fisioterapeuta. Sempre que eu pegava um Uber, encontrava pessoas ligadas ao autismo e conversava com eles sobre suas dificuldades, compartilhando meu conhecimento e experiência.

Quando entrei nesse período depressivo, muitas mães começaram a me procurar em busca de orientações sobre como lidar com seus filhos autistas durante a pandemia. Elas traziam relatos que eu nunca havia ouvido antes e percebi que eu sempre enxergava o potencial em todos, menos em mim mesma. Eu nunca havia parado para olhar minhas próprias dores, apenas seguia em frente.

Essas mães compartilhavam histórias de como nossas conversas transformaram seus casamentos, ajudaram-nas a encontrar seus sonhos e alcançar realizações profissionais em suas vidas. Foi nesse momento que me despertei para a importância da inteligência emocional (*Provérbios 4:7*). Decidi estudar mais sobre o assunto e, além disso, iniciei minha própria jornada de terapia. Embora estivesse sempre rodeada por terapeutas, nunca havia realmente me tratado, Deus sempre foi meu psicólogo. Mas percebi que precisava de um acompanhamento profissional para cuidar de mim mesma.

A partir desse momento, mergulhei nos estudos para me formar em terapia para mulheres e em constelação sistêmica. Essa experiência de depressão mudou completamente a trajetória da minha vida. Os depoimentos e relatos das outras mães me fizeram perceber que meu propósito era ajudar as pessoas a encontrarem seus caminhos, assim como sempre fiz.

Deus veio ao meu encontro novamente e me ajudou a realizar outro sonho que eu tinha desde a adolescência: ser escritora. Por meio dessa obra, estou mais uma vez realizando um dos meus sonhos mais profundos.

Assim, encerro esta história, com gratidão! A jornada de altos e baixos, de superação e transformação, me tornou a pessoa que sou hoje. Se há uma lição que vivo aprendendo é que a vida nem sempre segue o caminho que planejamos, mas podemos encontrar propósito mesmo nas curvas inesperadas. Com fé no criador do universo, Ele é quem conduz nosso barco e podemos andar sobre as águas (*Isaías 45:5,6*).

Eu sou o que Deus diz que sou. Por isso nunca foi sobre mim, e sim, sobre o propósito de Deus em mudar vidas!

Adriane Michely

Aline Berto

Uma mulher dedicada, casada e mãe amorosa da Ana Júlia. Com licenciatura em Ciências Biológicas e concluindo sua pós-graduação em Educação Infantil no final de 2023. É apaixonada por ensinar e nutrir o desenvolvimento das crianças.

Além disso, este capítulo é um reflexo de sua fé profunda em Deus. Aline encontrou força, esperança e orientação em sua jornada graças à sua fé e compartilha histórias emocionantes e experiências pessoais em sua obra, inspirando os leitores a acreditarem na presença divina em suas próprias vidas.

Fale comigo!

alinebertooficial

aline.bertooficial@hotmail.com

A FÉ MOVE TUDO

Por Aline Berto

02

Minha infância foi marcada pela palavra fé, por pessoas honradas **e grandes milagres**. Tive uma base cristã sólida, lembro-me como se fosse ontem da minha avó Alaydes, uma mulher incrível, de uma fé e força que almejo alcançar um dia. Dentre poucos recursos, ela via o pão de cada dia se multiplicar e sempre tinha mesa farta, sempre disposta a ajudar no que fosse preciso. Que falta minha avó me faz!

Minha tia Vera Lúcia que nos deixou há pouco tempo, também foi minha inspiração, vivia à frente de seu tempo, almejava sempre o melhor e buscava a todo o custo a felicidade de toda família, desistir jamais foi uma opção para ela, nunca a vi reclamar de nada. Nos deixou o legado que um sorriso vale ouro.

E não deixaria de citar meu maior exemplo, minha mãe Maria da Conceição que sempre teve garra, ousadia e grande personalidade para passar a frente de qualquer obstáculo e concluir tudo em sua vida. Professora concursada, mãe, dona de casa, esposa, compromissada com a obra do Senhor, pois foram grandes as tempestades que a tentaram parar. Mas sempre de pé ela venceu todas e me ensina até os dias de hoje que em Deus posso todas as coisas e é do alto que vem o nosso socorro.

Meus pais sempre foram evangélicos e, apesar de virem de uma família humilde, trabalhavam arduamente para proporcionar o melhor para nós. Passávamos os finais de semana na casa da minha avó, desfrutando de um grande quintal para brincar.

Embora tenha sido uma criança muito doente, com diversos problemas respiratórios, nunca me faltou amor e espaço ao ar livre para me desenvolver livremente. Quando fiz 7 anos, minha mãe ofereceu um culto em ação de graças pois era o primeiro ano que eu não era hospitalizada.

Na adolescência, descobri minha paixão pela escrita e pela arte do teatro. Desde muito jovem, comecei a trabalhar para alcançar meus sonhos, pois meu pai me ensinou que nada vem de graça nesta vida.

Lembro-me claramente de ter que trabalhar duro desde os 14 anos para realizar minha festa de 15 anos.

Junto com minha prima-irmã, trabalhei em um buffet de festas, aprendendo a arte da decoração. Enquanto outras jovens desfrutavam de suas festas sem preocupações financeiras, eu aprendi o valor do dinheiro e o esforço necessário para alcançar meus objetivos.

Ao longo dos anos, enfrentei desafios financeiros para concluir meus estudos. Trabalhei em uma escola estadual do Rio de Janeiro por cerca de dois anos para custear minha faculdade. Houve momentos em que precisei interromper meus estudos devido ao custo elevado, mas retornei determinada a concluir minha formação.

Por incrível que pareça, me casei com um amigo de infância que morava na rua de trás da minha casa. Durante essa época, comecei a trabalhar na área de educação infantil. Embora meu caminho profissional tenha tomado um rumo diferente do planejado, me sentia grata por ter encontrado um trabalho significativo. Enquanto eu trabalhava nessa creche, aproveitei aquele momento para cuidar das crianças como se fossem meus próprios filhos. Era como se fosse um estágio para a maternidade que eu tanto almejava.

Aos 27 anos, decidimos começar a tentar engravidar, porém, enfrentamos inúmeras dificuldades e mais de um ano se passou sem sucesso. Foi nesse momento que procuramos uma médica especializada, que diagnosticou uma obstrução nas minhas trompas. Recebi a notícia de que minhas chances de engravidar naturalmente eram mínimas.

Infelizmente, a médica com a qual inicialmente me consultei não foi sensível às minhas emoções e necessidades, me tratou apenas como mais um caso entre tantos números. Eu me senti desrespeitada enquanto mulher, como se minha história ou minha saúde não importasse.

Inicialmente, fiquei muito amargurada com essa situação e via a vida com raiva, era como se tudo tivesse perdido a cor e o encanto.

Para piorar, parecia que em todo lugar que eu olhava, só encontrava mulheres grávidas e histórias de gestações bem-sucedidas.

A frustração e a tristeza começaram a tomar conta de mim. No entanto, algo especial aconteceu durante um culto na igreja, que mudou minha perspectiva e renovou minha fé. Enquanto ouvia a mensagem, senti como se as palavras fossem direcionadas especificamente para mim. Elas ecoaram em meu coração, dizendo que eu não deveria mais derramar lágrimas, pois Deus estava ouvindo minhas orações. Naquele momento, tomei aquelas palavras como minhas e decidi acreditar que tudo daria certo, que eu conceberia uma criança em breve.

Eu já tinha a promessa de Deus em meu coração, e isso me deu forças para continuar tentando. Encontrei outra profissional, uma médica que não apenas tratava meu problema de forma competente, mas também se importava comigo como ser humano. Ela compartilhava a mesma fé que eu e juntas construímos um vínculo de confiança e esperança.

Continuamos realizando exames e descobrimos que o tratamento não era apenas uma questão que envolvia meu próprio corpo, mas também o corpo do meu esposo. Ele também iniciou o tratamento com a Dra. Françoise Padula, em Petrópolis. Enfrentamos desafios financeiros durante todo o processo, pois não tínhamos condições financeiras e os procedimentos de fertilização in vitro (FIV) eram extremamente caros.

Nesse mesmo período do tratamento, meu esposo e eu iniciamos um propósito de oração pela madrugada, ali era nosso momento de chorar apenas para Deus. Pouco tempo depois, ouvi a palavra de Deus em um culto da minha igreja, Ministério Colheita de Deus, em Imbariê. Foi como se eu tivesse virado a chave e finalmente entendi que eu precisava estar plenamente dentro do meu processo de maternidade. Eu precisava me preocupar em apenas fazer com que tudo desse certo.

Assim, decidi sair da creche a qual eu trabalhava. Foi uma experiência muito boa, o tempo em que eu trabalhei lá foi um ensinamento,

Deus estava me preparando para meu tempo de maternar. Porém, eu não poderia me dedicar integralmente ao meu trabalho, estando em tratamento.

Enquanto observava outras pessoas com maior poder aquisitivo realizando tratamentos semelhantes, confiava que Deus supriria e proveria todas as nossas necessidades. De alguma maneira, o dinheiro sempre aparecia quando precisávamos e cada etapa do tratamento ocorria conforme planejado. Também decidi manter meu tratamento em segredo. Não queria correr o risco de desestabilizar meu estado emocional, não procurei outros tratamentos nem fiz pesquisas. Apenas a opinião da médica era importante para mim naquele momento.

A nossa jornada foi repleta de obstáculos. Lembro-me das inúmeras injeções de hormônios que precisei receber, das dores que sentia após a anestesia e dos efeitos colaterais tanto físicos quanto emocionais. Cada viagem de carro para Petrópolis era uma provação, pois cada solavanco e quebra-molas me causavam dores intensas.

Resolvemos ser audaciosos e escolhemos fazer a coleta dos óvulos e a transferência dos embriões em São Paulo, no mais renomado hospital, o Sírio Libanês, fomos e voltamos de avião, **Deus supriu tudo.** Sonhe alto pois seu Deus é grande!

Após alguns dias, finalmente recebemos a notícia que esperávamos: o teste de gravidez deu positivo, eu gritei aos 4 cantos e espalhei a notícia para todos, Deus finalmente havia realizado o meu sonho! Porém, meu desejo era gerar dois embriões, mas infelizmente, no 7 dia após o teste positivo eu tive um sangramento e perdi um dos embriões.

Passado o susto da ultrassom, ainda ouvimos um coraçãozinho batendo, havia esperança, então fiz repouso por 3 meses para que aquela vida visse forte e saudável.

Aprendi a ter fé e coragem para suportar todo o processo

Na semana do chá de revelação, tive um sonho marcante. Sonhei que estava sentada no banco da igreja e ouvia uma voz dizendo: *"Eis que aquela que está em seu ventre é escolhida por mim. Uma menina"*.

Foi um sonho poderoso e real, que confirmou em meu coração que meu tão esperado milagre seria uma linda menina.

Finalmente, o dia tão esperado chegou. Minha filha nasceu em meio a uma cesariana desafiadora. A médica que realizou o procedimento disse que nunca havia visto um parto como o meu. Devido a cirurgias anteriores, meus órgãos estavam aderidos, mas a experiência e habilidade da médica foram fundamentais para que tudo ocorresse bem.

No entanto, cerca de dez dias após o parto, vivi um momento assustador e inesperado. Sofri uma convulsão sem qualquer aviso prévio. Minha irmã percebeu algo errado comigo, ouvia urros vindo do banheiro e ao me chamar, eu não respondia. Meu cunhado abriu a porta do banheiro milagrosamente com a chave do carro dele, me encontraram caída no chão. Fui para o hospital, fizemos diversos exames, mas não foi encontrada nenhuma causa específica.

Lembro-me do momento que eu recobrei a consciência da convulsão, eu disse a Deus: "*Obrigada Senhor pelo privilégio de passar 10 dias com minha filha, e se for da sua vontade me conceder mais dias, restabeleça minha saúde para que eu possa criá-la com autonomia e direcionada aos seus caminhos, pois ela é sua, Senhor, e minha vida também está em suas mãos*".

Para honra e glória de Deus, a convulsão foi um evento isolado e, desde então, nunca mais tive outra crise. Sou profundamente grata por não ter sofrido sequelas.

Minha filha, Ana Júlia, completou seu primeiro ano de vida durante a pandemia e enfrentamos outros desafios de saúde, como uma bronquiolite que a levou a uma semana de internação na UTI. Foi um momento desafiador, mas mesmo com todos os medos e perigos que a cercavam, eu tinha a certeza de que Deus estava conosco mais uma vez.

Hoje, ela completou seus 4 anos de vida com muita saúde e alegria, somos uma família realizada!

A mensagem principal de toda essa jornada é a fé inabalável, que me trouxe a clareza para entender os acontecimentos. Quando colocamos nossa confiança em Deus, mesmo nos momentos mais difíceis, Ele nos guia, sustenta e nos dá as ferramentas necessárias para enfrentar qualquer desafio.

Pois, como dizia minha avó, **"A fé em Deus nos faz crer no impossível"**. E é nessa fé que encontro forças para seguir adiante, confiando plenamente nos planos de Deus.

A fé em Deus nos faz crer no impossível.

Aline Berto

Ana Jucá

Ana Jucá, 47 anos, casada há 26 anos e mãe de três filhos abençoados, nasceu em Belém do Pará/PA e reside em Brasília. A virada de chave para Ana veio pelo autoconhecimento e pela fé. Ao descobrir sua capacidade de fazer qualquer coisa, Ana Jucá enfrentou desafios com determinação, encontrando forças para superar obstáculos e trilhar um caminho de crescimento pessoal e espiritual. Sua história é um exemplo inspirador de como o conhecimento sobre si mesma e a fé podem transformar vidas.

anajuca.terapeuta

+55 (61) 8287-2016

DESCOBRI QUE SOU CAPAZ

Ana Jucá

03

Recordo-me quando eu tinha apenas 4 anos de idade, minha mãe precisou ir trabalhar e me deixou, junto com a minha irmã que era um bebê de 6 meses, aos cuidados de uma mulher. Isso era uma prática comum na época, não havia tanta maldade e desconfiança no mundo, por isso, ela confiou em uma pessoa praticamente desconhecida para cuidar de nós, mas infelizmente essa pessoa roubou tudo o que tínhamos dentro de casa e foi embora nos deixando sozinhas. A vizinha, ao ouvir o choro da minha irmã, foi investigar o que estava acontecendo e descobriu o ocorrido.

Naquela época, eu era uma criança quieta, absorta na minha própria bolha, não prestava muita atenção ao que acontecia ao meu redor, afinal, era ainda muito nova para entender a situação que estávamos passando. Eu me lembro de ter me sentido abandonada e perdida. Aquelas horas sem meus pais, aos cuidados de uma estranha e vendo o desespero da vizinha, me marcaram e geraram consequências que só entendi muitos anos depois.

Nossa casa parecia funcional, meus pais não brigavam ou se xingavam, mas trabalhavam muito e estavam quase sempre ausentes. Meu pai era representante de medicamentos e minha mãe era secretária, eles estavam sempre ocupados. No entanto, meu pai era bastante severo e distante, nunca expressava muito bem seu amor por nós. Minha mãe, por sua vez, também não havia recebido afeto e carinho suficientes, então ela não sabia como demonstrar esses sentimentos.

Sempre fui uma criança de desenvolvimento mais devagar que outras, o que gerou apelidos e ofensas como "burra", "lenta" e "lerda", escutei isso por tantas vezes que internalizei, e acreditei nessas palavras. Quando me sentia triste ou assustada, recorria ao hábito de chupar o dedo e me isolava na frente da televisão. Com o passar do tempo, meus pais acabaram se separando devido à traição dele. Então fiquei morando com minha mãe e minhas irmãs.

Casei-me cedo, aos 20 anos, e às vezes morava com minha mãe, às vezes com minha sogra. Eu era uma mulher rebelde, cheia de raiva, mas percebi que isso era apenas uma defesa. Eu vivia com muito medo e dificilmente tomava decisões sobre a minha própria vida.

Eu tinha o desejo de ingressar em uma universidade, mas não sabia exatamente o que queria. Repetidamente, não passei na segunda etapa do vestibular, mas isso não me impediu de continuar estudando. Comecei a trabalhar, mas quando engravidei, precisei parar. Foi um momento difícil de adaptação em minha vida.

Três anos depois do nascimento do meu primeiro filho, tive o segundo. Nessa época, estávamos passando por algumas dificuldades financeiras. Eu me encontrava sozinha com duas crianças pequenas, enquanto meu marido trabalhava. Minha rotina se resumia a ser dona de casa e assistir televisão. Muitas vezes me sentia abandonada, triste, ansiosa e até mesmo depressiva. Minha falta de controle me levava a brigas constantes e a punir meus filhos sem necessidade.

Foi quando decidimos nos mudar para Goiânia que minha vida realmente começou a mudar. Foi lá que, ao me converter à minha fé, conheci uma amiga missionária que se tornaria uma figura importante em minha jornada espiritual. Começamos a caminhar juntas, compartilhando experiências e buscando o crescimento pessoal e espiritual. Através da palavra divina, comecei a me reconstruir.

Lembro-me bem de uma senhora que chegou até mim e compartilhou sobre as crenças limitantes que eu tinha e nem percebia, ela disse que eu vivia repetindo *"não posso"," não consigo", "não dou conta"*. Eu nem sabia que isso era uma crença ou como elas afetavam minha vida. Aquelas palavras ecoaram em mim, despertando uma sede por mudança e crescimento.

Minha amiga me presenteou com um livro que mudaria tudo, "Campo de Batalha na Mente", de Joyce Meyer. Através da leitura, descobri que carregava em mim crenças profundamente enraizadas, resultado das palavras que ouvi na infância. Fui confrontada com a dura realidade de que acreditava ser incapaz, burra e limitada. Decidi então que era hora de mudar.

Comecei tirando minha carteira de motorista, mesmo tendo um medo quase paralisante. No início, meu corpo tremia e eu perdia o controle das pernas, mas persisti e finalmente passei no terceiro exame. Aprendi a dirigir e aquela conquista se tornou um símbolo poderoso de superação e liberdade. Foi a partir dessa conquista que a transformação se tornou uma constante em minha vida. Mudamos para Brasília e eu me encontrava frequentemente sozinha, lutando contra a sensação de não ser uma boa esposa, mãe ou mulher.

Questionava constantemente o propósito da minha existência. Apesar de me considerar incapaz, decidi buscar conhecimento e clareza sobre quem eu realmente era e o que eu queria na vida. Não gostava de ler ou estudar através da internet, pois acreditava que só seria capaz de aprender em um ambiente físico e tradicional, em uma sala de aula. No entanto, eu sabia que precisava encontrar respostas o quanto antes.

Comecei a buscar livros, programas e palestras que pudessem me ajudar a descobrir meu verdadeiro propósito de vida. Foi quando entrei em uma igreja e me encantei com as reuniões de mulheres. Aquela conexão e troca de experiências despertaram algo dentro de mim, um chamado para um lado meu ainda desconhecido e inexplorado. Aos poucos, meu interesse se expandiu para o *coaching* e a psicanálise. Eu absorvia todas as informações que encontrava, buscando desvendar os segredos do universo emocional feminino.

Foi assim que descobri minha paixão e minha verdadeira vocação: ajudar mulheres inseguras e com medo a se libertarem e a evoluírem. Deus trabalhou em minha vida para que eu pudesse estudar e buscar o autoconhecimento. Hoje, sou terapeuta especializada no universo emocional feminino, em reprogramação emocional e leitura corporal.

Através de palestras, treinamentos e terapias individuais e em grupo, tenho a oportunidade de auxiliar outras mulheres a superarem seus medos e crenças limitantes.

Mesmo após 26 anos de casada, minha vida continua em constante busca por aprendizado. Estou sempre em busca de mais conhecimento e crescimento pessoal. Aprendi que não devemos buscar a aprovação ou o apoio dos outros para seguirmos em frente, mas sim, nos impor e perseguir aquilo que realmente queremos.

Mesmo quando enfrentei momentos de dúvida e incerteza, como em 2019, onde descobri um câncer de tireoide, não me deixei abalar. Quando peguei o resultado, não fiquei com medo da doença em si, pois sabia que Deus iria me curar, mas depois da cirurgia, houve momentos de dor e provação constante. Eu ouvia pessoas dizerem que nunca mais minha vida voltaria ao normal, engordei 10kg, me sentia cansada e depressiva, mal conseguia falar ao telefone ou fazer as tarefas mais básicas de casa. Eu não aceitava a doença e por isso lutei por mais de um ano para recuperar minha felicidade e saúde, pois aprendi que merecia uma vida boa e saudável.

Apesar de tantos desafios e de às vezes me sentir isolada das pessoas, meu marido esteve ao meu lado, oferecendo suporte quando precisei. No entanto, aprendi que eu precisava ser a protagonista da minha própria vida, tomar decisões firmes e seguir o meu propósito, independentemente das opiniões alheias.

Lembra que falei sobre superar o medo de dirigir? Pois eu aprendi a dirigir sem ninguém, apenas com a ajuda de vídeos do YouTube. Aprendi a estacionar, controlar o carro e superar o medo quando eu fiz minha primeira terapia, resolvi dirigir de noite e percebi que já não estava tão escuro, não tremia, nem me sentia nervosa como antes.

Ao longo desse caminho de autodescoberta, descobri novas habilidades e talentos dentro de mim. Antes, eu me considerava sem inteligência, inútil e limitada, mas agora eu me vejo como uma pessoa capaz de enfrentar qualquer desafio. Aprendi a mexer em diversas ferramentas digitais, a fazer crochê e *patchwork* apenas assistindo tutoriais online. Descobri que posso aprender e desenvolver novas habilidades, basta dedicar tempo e um pouco de esforço.

Hoje, trabalho no que amo. Sou palestrante, treinadora e terapeuta especialista no universo emocional feminino. Sinto-me realizada ao ver a transformação e o crescimento das mulheres que acompanho, pois sei que também passei por esse processo de evolução. Mas, quando nos permitimos descobrir nosso verdadeiro potencial, somos capazes de realizar coisas extraordinárias.

Acredito que **tudo posso naquele que me fortalece,** e é com essa força que enfrento cada desafio.

Minha jornada de transformação foi guiada pela presença de Deus em minha vida. Ele me capacitou e me impulsionou a buscar minha missão e o meu propósito. Através da minha fé, do autoconhecimento e do apoio de mentores, como a missionária Edilma Alves, encontrei meu caminho e me tornei uma versão melhor de mim mesma.

Hoje, além de esposa e mãe de três filhos, sou uma mulher confiante, realizada e em constante busca por mais conhecimento e crescimento. Descobri que nada é impossível quando decidimos nos dedicar e passar pelo processo necessário para alcançar nossos sonhos.

Minha alegria está em testemunhar a evolução das mulheres que acompanho. Hoje, eu as ajudo a se libertarem do cativeiro emocional, a voarem para fora da gaiola em que se encontram e a evoluírem para o seu potencial máximo. Não importa o que você tenha vivido até agora, quais foram as adversidades ou os desafios que enfrentou. Saiba que você tem dentro de si a capacidade de se transformar e criar a vida que deseja. Eu sou a prova viva de que é possível superar medos, inseguranças e crenças limitantes.

Encorajo você a não se deixar contaminar pelas palavras negativas ao seu redor. Se você tem um propósito, uma paixão, vá em busca disso com determinação e coragem. Acredite em si, pois você é capaz de conquistar coisas extraordinárias.

Você é uma pessoa única, com dons e talentos extraordinários. Permita-se viver uma vida cheia de significado e realização. Lembre-se: **a transformação começa dentro de você**.

Acredite que você também pode alcançar a plenitude e a felicidade que tanto deseja.

Você é capaz!

"

Às vezes, um momento, ou um segundo da sua vida, muda tudo.

Ana Jucá

Andrea Dias Nascimento

Meu nome é Andrea Dias Nascimento, tenho 44 anos, casada há 14 com o Max e mãe do pet Lyon, que é nosso amorzinho. Amo leitura, viajar, e não fujo de desafios.

Graduanda em Administração por formação e terapeuta cognitiva comportamental por paixão, mentora, palestrante e autora. Minha família é minha base, servir a Cristo é o meu maior tesouro. Minha fé e princípios não estão em negociação jamais e em hipótese alguma.

Ser terapeuta me trouxe além de conhecimento, a autoavaliação nos comportamentos, não apenas nas pessoas, mas no meu próprio e cada paciente que finaliza um processo com sucesso, é motivo de muita alegria, ver o desenvolvimento deles é uma vitória.

Meu foco é contribuir para que mulheres tenham a sua autoestima de volta e encontrem sua verdadeira identidade.

andrea.dias04

O PROCESSO MACHUCA, PORÉM O PROPÓSITO TRANSFORMA

Por Andrea Dias Nascimento

04

Ao longo da minha caminhada, passei por muitas coisas, boas e ruins, porém essa história é para te encorajar a continuar e não desistir, que essa leitura seja combustível para você seguir em frente.

Conto em um livro anterior o início da minha jornada e agora o propósito é despertar você para o novo. Não vou falar de religião, até porque respeito todas e obviamente a escolha é pessoal, mas o foco é abrir seus olhos e o seu emocional para entender que passaremos por processos e nem sempre será fácil.

Tive que me posicionar para que houvesse mudança de vida, pois eu era alguém que comia sobras de peixe e gordura de carne seca com farinha e água para matar a fome e dividia um beliche com a irmã caçula; naquela época, usávamos os famosos "mosquiteiros" e para quem não sabe o que é, são os protetores para pernilongos, mais conhecidos em Belém como "carapanã". Eles tinham tantos furos que nem tínhamos mais prendedores de roupa suficiente, pois todo dia era um furo novo.

Quando mencionei no início que o processo machuca, mas o proposito transforma, é justamente por minha realidade atual, tenho condições de comprar uma boa roupa, fazer viagens, meu esposo e eu possuímos bens materiais que jamais imaginamos ter.

Acreditem ou não, minha realidade mudou quando decidir obedecer a Cristo e deixar ELE fazer morada em mim e agora você vai começar a entender minhas afirmações, pois Jesus não é uma religião, imposição, julgamento, intolerância, Ele é vida, amor, compreensão, justiça, lealdade, fé, liberdade, cura, salvação.

Casei-me muito jovem com um homem que na época tinha idade de ser meu pai, tudo isso devido aos conflitos familiares; foi uma atitude precipitada e sem a direção de Deus, pois me trouxe muitos problemas no decorrer do caminho, porém antes de me casar, fui acometida por uma enfermidade. Faltando apenas 1 mês para o casamento, caí da escada no local de trabalho e quebrei o cóccix, a dor era tanta que eu não conseguia andar, fui levada a um especialista que falou para minha mãe: "Ela precisa operar, porém existe 2 situações: ela pode sair andando, ou sair em uma cadeira de rodas, é um risco, devido ao trauma causado, não é tão simples como parece, pois o cóccix penetrou no nervo da coluna".

Naquela época, minha mãe tinha vícios que só traziam brigas e complicações para a saúde dela, ela fumava e bebia muito e quando isso ocorria, eram só agressões. Então minha mãe decidiu fazer uma aliança com Deus: se ELE me curasse antes do casamento, ela deixaria tudo para trás e o seguiria e para a glória d'Ele isso aconteceu, saí andando, o processo de recuperação foi tenso, mas venci, ali Jesus já tinha propósitos que eu nem fazia ideia. Já estava me tornando como "José".

Fiquei 4 anos casada, no início foi um conto de fadas, ainda que com alguém mais velho que eu, mas depois as lutas e agressões verbais e físicas começaram, me separei e como toda minha família achava que ele era perfeito, ficou contra mim. É claro que tudo também ocorreu devido à desobediência, fui levada a fazer isso, por todas as coisas que ocorriam em meu lar, se é que eu podia chamar aquilo de lar.

Depois da separação, por falta de comunhão com Deus fui levada novamente a cometer um erro semelhante, conheci alguém que me fez sofrer demais, engravidei por 3 vezes, a terceira vez foi de trigêmeos e os perdi; a sensação que eu tinha era que tudo que eu fazia ou tocava não prosperava, não florescia, mas eu não conseguia dividir a dor e o fardo com ninguém. Mesmo sozinha e sem apoio, passei novamente pelo processo da dor e da perda, e não me dava conta que Jesus estava ali ao meu lado, cuidando de mim em cada detalhe, mesmo quando eu insistia em não ver a mão d'Ele.

Um dia, levantei de madrugada e dobrei os joelhos na pequena casa de 3 cômodos que eu morava e chorei horrores, pois eu ia na "igreja", "ouvia" as ministrações, porém só conhecia Jesus de ouvir falar, não tinha experiencia ou aliança com Ele, e nessa madrugada eu o questionei, assim como você que está lendo esse livro agora, o questionou em algum momento.

"Jesus! Se o Senhor está aí mesmo, fala comigo! Muda essa carcaça que sou, sopra vida sobre mim, pois meu corpo físico está de pé, mas minha alma está no chão! Não estou me eximindo de meus erros e falhas, porém tu sabes quem sou, então me tira desse cativeiro! Me sinto como José, vendida por minha família!" Era assim que eu me sentia, pois quando eu mais precisei, com exceção de 2 pessoas da minha família, todos viraram as costas para mim, porém não deixei isso me parar.

Amanheci jogada no chão frio, havia chorado tanto que adormeci, porém lembrava muito bem de cada palavra que eu havia dito para Ele. Foi quando no dia seguinte abri a Bíblia em Gênesis 37:12-16, que fala sobre José quando foi vendido por seus irmãos. Naquele momento, fui tomada por algo sobrenatural e não pense que tudo começou a dar certo, não, pelo contrário, a cada dia era uma prova diferente.

Depois de alguns anos, conheci meu esposo, meu amigo e companheiro, "meu véio do mato" (risadas à parte), passamos processos dolorosos também, pois no começo minha mãe não o aceitava. Então nos casamos e passei de novo pelo processo da perda, um ato covarde tirou meu bebezinho, após uma determinada pessoa encomendar minha morte. Novamente meu mundo veio ao chão, mas diferente das outras vezes, eu sabia a quem estava servindo, pois tomara a decisão de viver Jesus não apenas de palavras, mas de experiências, então seguimos juntos para o alvo.

Após anos, fui acometida por uma outra doença chamada de *malformação de Chiari*, é um defeito estrutural do crânio e devido às dores intensas de cabeça, sangramento nasal e falta de tato, tive que passar por um processo cirúrgico. Ali, novamente, Jesus esteve ao meu lado, então comecei a entender que cada processo tinha um propósito na minha vida pessoal e profissional.

Comecei a despertar para viver as promessas e meu coração se encheu de sonhos reveladores e se você vai acreditar ou não, não tem problema, isso aqui não é *fake news*, é real, eu vivi tudo o que estou compartilhando com você para ser combustível para sua vida. O Senhor colocou pessoas incríveis em meu caminho, pois comecei a orar para que ele me apresentasse seus amigos, pessoas na mesma visão e proposito que eu.

Tenho alegria em mencionar 3 mulheres maravilhosas de muita oração e fé, e assim nasceu o cordão de 3 dobras, que a palavra de Deus menciona em Eclesiastes 4:9-12, que “melhor é serem dois do que um”, e ali o Senhor me apresentou essas mulheres: *Andrea Mendonça*, paciente da terapia que se tornou amiga, quando eu passei por um processo cirúrgico de remoção da vesícula, ela estava segurando minha mão, quando acordei ela estava orando por mim, gestos que mudam sua visão e aquecem sua fé e coração! Da mesma forma, minha amada *Vanessa Gonçalves*, uma mulher admirável, que passou por processos em seu casamento, a mãe acometida pelo câncer e ela mantendo a fé, pois havia entendido o propósito e está vivendo diariamente o milagre; e *Fátima amada*, mesmo morando no interior de São Paulo, isso não impediu a unidade entre nós, compartilhando áudios de oração, de apoio, sendo combustível uma para as outras.

Muitos não vão entender os sonhos de Deus para sua vida, como os irmãos de José não entendiam, eles achavam que ele queria chamar atenção e quantas vezes você, assim como eu, somos interpretados erradamente e julgados por sonhar e querer dividir esses sonhos com quem amamos?

Há 3 anos, Deus me deu um sonho e em 18/06/2023 a resposta veio. Eu me via em um prédio altíssimo, belo, de frente para um vale verde lindo, era uma cobertura e ali o Senhor falava: “Eu vou te colocar para assentar à mesa com pessoas importantes, elas vão chegar até você porque você será essencial para o processo acontecer". Hoje estou vivendo isso, JESUS está cumprindo cada detalhe, é claro que conquistas materiais são excelentes, mais o foco aqui é a promessa, é que você desperte para viver os sonhos de Deus em sua vida, não existe impossível para ELE, coloque a fé em ação.

Assim como José, sofri injúrias, acusações, humilhações, muitos olhavam e eu podia sentir o desprezo, pois achavam que eu não chegaria a lugar nenhum, que meus esforços em oração na madrugada e que olhar com respeito e amor para o outro, era bobagem. Fiquei presa no passado de dor, fome e angústia por anos, mas quando me lancei aos braços do Espírito Santo, comecei a viver os sonhos que Jesus já havia programado para minha vida.

Hoje atendo várias mulheres na terapia que estão sofrendo algo semelhante ao que passei e estou aqui para garantir que ELE faz, não tenha dúvidas! Quando olho onde estávamos e de onde ELE nos tirou, o que nos deu, imóveis, chácara, um bom automóvel, um trabalho excelente, onde meu esforço é reconhecido e respeitado e agora a nossa cobertura em um dos melhores empreendimentos da região.

Não importa sua condição de vida, de relacionamento, apenas acredite! Não deixe o medo paralisar você, dê um basta nessa autossabotagem, olhe ao redor e busque representatividade em alguém que faça sentido para você, independente de suas crenças, sua fé, você precisa estar bem consigo mesma, se valorizar, se colocar na posição de mudança. Pare de aceitar migalhas, pare de buscar "palco", José não buscou ser visto como um "coitadinho" por tudo que passou, pelo contrário, ele usou a prisão, a injúria de seus irmãos, a acusação da esposa de Potifar para ficar cada dia mais forte e sabe como? Orando, acreditando, ele nunca prejudicou ninguém, mesmo quando Deus lhe mostrou a oportunidade de se vingar de seus irmãos. Perdão não é ausência de memória, mas é libertador e abre portas que você não faz ideia.

Aprendi que pessoas vão amar e admirar você por quem você é, e outras vão te odiar pelo mesmo motivo, porém nunca fui de me apegar a isso, pois cada um oferece o que tem.

O propósito é real e a mudança inevitável, compartilhe aquilo que você quer receber de volta, seja combustível na vida de outras pessoas, faça a diferença.

“

Sonhar e realizar, quem não sonha já está morto e nem todos estão preparados para viver esse sonho com você.

Andrea Dias Nascimento

Cleide de Alexandrino

Cleide de Alexandrino é mãe de duas filhas, uma biológica e outra do coração. Esposa dedicada de Flávio, nasceu em Foz do Iguaçu/PR. Formada em Coordenação Pedagógica, descobriu seu verdadeiro propósito ao se tornar Terapeuta no Universo Emocional Feminino.

Hoje se dedica a identificar e ajudar a curar traumas emocionais de mulheres, proporcionando um ambiente de empoderamento e acolhimento, para que elas consigam ressignificar suas dores.

cleidedealexandrino

Cleide de Alexandrino

cleidealexandrino05@hotmail.com

+55 (45) 999160833

O DESPERTAR DO MEU PROPÓSITO

Cleide de Alexandrino

05

Ainda durante a minha infância deparei-me com situações nada agradáveis. Testemunhei um cenário de instabilidade e violência, via meus pais infelizes e em constantes conflitos. Aquelas lembranças dolorosas ecoavam em minha mente e à medida que eu crescia, compreendia a dor que minha mãe carregava por permanecer em um casamento desestruturado. Desejei, ardentemente, que meus pais não estivessem mais juntos, pois queria que eles fossem felizes, ainda que separados. Por muito tempo eu carreguei rancor e só anos depois fui realmente compreender ambos os lados.

No início da adolescência, a maternidade não passava nem perto dos meus planos, eu associava que meus pais só brigavam por causa de nós, e ao mesmo tempo, não queria jamais que um filho passasse pelo que passei.

Eu era a caçula em uma família de seis irmãos, vivendo em Foz do Iguaçu. Meus pais trabalhavam em um sítio no norte do Paraná. Anteriormente, minha mãe havia sido camareira em um hotel e meu pai, trabalhador da construção civil. Minha inexperiência e falta de conhecimento acabou por me levar a uma gravidez não planejada aos 16 anos!

Foi um verdadeiro choque para mim, eu estava no começo da minha vida e já teria que lidar com tamanha responsabilidade, tudo aquilo parecia demais naquele momento. O bebê era fruto de um relacionamento casual, um envolvimento com um rapaz da mesma rua que a minha, e depois disso, ficamos juntos.

Eu precisei amadurecer rapidamente, não tinha outra opção, agora uma vida dependia de mim. Enfrentando o desafio de estudar e trabalhar ao mesmo tempo, com uma gestação tumultuada e difícil. Mantive minha gravidez em segredo da minha família por seis longos meses. Quando minha mãe descobriu, pediu que eu encontrasse um lugar para viver. Durante cerca de 40 dias, encontrei abrigo em um pequeno cômodo na casa de minha irmã. Sensibilizado por minha profunda tristeza, meu padrasto me ofereceu uma casa para viver com o pai da minha filha.

Foi nesse momento que minha filha, um dos meus bens mais preciosos, Bruna Lavínia, nasceu trazendo uma força e motivação extraordinária para minha vida, um sentimento inexplicável. Ao longo desse período, minha mãe voltou a se aproximar de mim e, a partir daí, me apoiou de todas as formas possíveis me ajudando a cuidar e educar minha filha, mas confesso que eu sempre carreguei a culpa por tê-la decepcionado.

Quando minha bebê completou oito meses, a matriculei em uma creche e retomei meus estudos ingressando no curso de Magistério. Um estágio remunerado foi fundamental para garantir o sustento de minha filha. Infelizmente, meu relacionamento com o pai da Bruna Lavínia não era saudável e logo ele decidiu seguir seu próprio caminho.

Determinada a traçar meu próprio destino, busquei a graduação em Pedagogia e comecei a trabalhar com adolescentes vítimas de exploração sexual infantil. Essa experiência impactante atingiu profundamente o meu ser. No entanto, mesmo imersa nesse contexto, ainda não compreendia completamente o propósito de minha presença ali, mas sabia que em algum momento eu iria encontrar minha missão.

Quando Bruna Lavínia completou oito anos, entrei em um relacionamento com um rapaz chamado Flávio, que hoje é meu esposo. Ele já tinha uma filha, Flávia, e decidimos morar juntos assim que construímos nossa casa, formando uma família mosaico composta por mim, Bruna, Flávio e Flávia.

A chegada de Flávia, com apenas seis anos, trouxe um susto e uma enorme preocupação para minha vida. Cuidar de uma criança tão pequena e cheia de traumas seria um novo desafio e eu queria estar à altura para proporcionar o melhor para ela. Sem hesitar, acolhi-a e amei-a com a mesma intensidade que minha filha biológica. Flávia era uma criança triste, e com o tempo percebemos variações no humor e comportamento, assim entendemos que ela necessitava de suporte psicológico e emocional.

Dessa forma, iniciamos um processo de terapia que teve um impacto significativo em seu bem-estar emocional. A Dra. Michelle nos auxiliou grandemente para que Flávia não desenvolvesse inúmeras patologias. Foi diagnosticada com Transtorno de Personalidade *Borderline*, lutando constantemente contra instabilidades emocionais. No entanto, apesar de suas batalhas internas, ela sempre se mostrou uma boa filha e irmã. Com o tempo, Bruna Lavínia e Flávia construíram uma relação de verdadeiras irmãs.

Em um momento crucial, decidi interromper meu trabalho para dedicar-me ao cuidado e encaminhamento das meninas em nosso novo bairro. Jamais imaginei que teria outra filha, mas Deus me mostrou que Sua vontade prevalece sempre, trazendo uma criança que não nasceu de mim, mas nasceu para que eu a amasse e a guiasse no mundo, assim como fiz com minha filha biológica.

Importante ressaltar que Flávia morava com a avó e sua mãe biológica detinha a guarda dela. No entanto, algo divino aconteceu: obtivemos, de forma quase milagrosa, a guarda legal de Flávia em um curto período de tempo, algo realmente raro de acontecer, mas para quem tem fé, todos os caminhos se abrem. Durante a construção de nossa casa, meu marido enfrentava uma tristeza avassaladora ao saber que nossa família jamais estaria completa. No entanto, ele nunca perdeu a esperança e as coisas começaram a se desenrolar como em um passe de mágica.

O tempo passou, e minha trajetória profissional me levou a trabalhar com vítimas de violência sexual infantil. Esse público despertou em mim uma conexão profunda, como se eu fosse responsável por ajudar aquelas mulheres a escaparem do abismo da dor e do sofrimento de lembranças traumáticas. Eu me deparava com inúmeras mulheres sem esperança, com a autoestima arrasada, e sentia-me impotente e paralisada por não saber ao certo se estava impactando aquelas vidas. No entanto, com frequência, mulheres de todas as idades vinham a mim e testemunhavam como minhas palavras ou atitudes haviam transformado suas vidas. Elas encontravam esperança em suas famílias, em seus relacionamentos e em sua forma de pensar.

Nesse momento, surgiu em mim um desejo ardente de adquirir conhecimentos que pudessem me ajudar a transformar cada vez mais vidas. Buscava uma formação que pudesse curar as mentes e os corações das pessoas que sofriam, especialmente mulheres com traumas emocionais devastadores. E finalmente compreendi meu verdadeiro propósito: a Terapia Integrativa do Universo Emocional Feminino. Agora, sei que minha missão transcende o simples ato de amar e cuidar do próximo, sou chamada a curar multidões de mulheres que necessitam de apoio emocional, todos os dias.

Inúmeras mulheres têm buscado minha ajuda para a cura de suas feridas emocionais. Hoje, minha filha Bruna Lavínia é casada com Henrique, e eles têm uma linda menina chamada Lavínia, que se tornou nossa alegria. Flávia continua conosco, prestes a concluir o 8º período do curso de Direito. Meu esposo, Flávio, é um grande parceiro, apoiando-me e incentivando-me nessa nova jornada. Meus planos extrapolam as paredes do meu consultório de terapia, pois almejo alcançar um número cada vez maior de mulheres em vulnerabilidade emocional, levando-lhes apoio e autocura.

Assim, sigo em frente, imersa no meu propósito, acreditando firmemente que, mesmo diante das adversidades, é possível superar, transformar vidas e encontrar significado nas experiências mais desafiadoras. Minha jornada é permeada de amor, cura e esperança, guiada pela certeza de que, juntas, podemos romper as amarras mentais que aprisionam as mulheres e conduzi-las à liberdade emocional que tanto anseiam.

A visão transformadora da maternidade foi o ponto de partida para eu encontrar também meu propósito profissional. Ao encarar os desafios e superar as dificuldades, percebi que a minha história pessoal não era apenas uma série de obstáculos, mas uma oportunidade de aprendizado e autoconhecimento. Compreendi que minha experiência como filha de uma mãe que passou por tantas dores e bloqueios emocionais tinha um objetivo maior: resgatar a felicidade em outras mulheres que enfrentaram situações semelhantes.

Cada passo dado nessa jornada reforçou meu desejo de ser um farol de esperança para aquelas que já perderam a fé em si mesmas. Através da minha dedicação em ajudar mulheres a curar suas feridas emocionais e crenças limitantes, percebi que a minha missão vai além de oferecer apoio e encorajamento.

Meu objetivo é capacitar essas mulheres, dando-lhes as ferramentas necessárias para que elas possam reconstruir suas vidas, resgatar sua autoestima e encontrar a felicidade genuína que merecem.

À medida que mergulhamos no autoconhecimento e na busca pela autocura, descobrimos que cada uma de nós possui uma missão única e especial neste mundo, um propósito cuidadosamente traçado por Deus. Ao enfrentar nossos desafios mais profundos, conectamo-nos com a essência divina que habita em nosso ser, despertando o potencial que há dentro de nós para mudarmos nossa realidade.

Lembre-se de que a jornada de descobrir sua missão não é um caminho fácil, mas é na superação das adversidades que encontramos as respostas que tanto buscamos. Ao nos abrirmos para a orientação divina, para a terapia e a autoanálise, somos guiadas para compreendermos o sentido das nossas vidas, nos tornando capazes de transformar não apenas nossa própria história, mas também as histórias daqueles ao nosso redor.

Portanto, não tenha medo de olhar para dentro de si mesma, de explorar suas paixões e de abraçar os dons que Deus lhe concedeu. Confie em sua intuição e no chamado do seu coração, pois é lá que reside a verdade sobre quem você é e qual é sua missão na Terra.

Que você possa se permitir embarcar nessa jornada de autodescoberta, sabendo que você é amada e guiada por Deus. Abra-se para as possibilidades ilimitadas que estão diante de você e saiba que seu propósito é parte de um plano maior e perfeito! Confie em si mesma, confie no processo e permita que a luz divina brilhe através de você, **iluminando o caminho para o seu despertar.**

"

Livre-se das pedras que carrega. Alcance o que te deixa leve para voar.

Cleide de Alexandrino

Dulce Farias

Dulce Farias, casada, mãe, soteropolitana, morando em Vitória da Conquista/BA, sempre acreditou que pessoas de fé estariam imunes a desafios emocionais. No entanto, uma experiência pessoal e transformadora desmistificou essa crença e mudou sua realidade.

Agora, ela se dedica a ajudar outras mulheres que enfrentam dificuldades semelhantes, com o sonho de ver vidas transformadas. Dulce busca compartilhar sua jornada de superação, inspirando outros a cuidarem da sua saúde e bem-estar emocional.

dulceterapeuta

dnele2@gmail.com

+55 (71) 99251-0708

UM PROPÓSITO MAIOR

Por Dulce Farias

06

"Sabemos que todas as coisas cooperam para o bem daqueles que amam a Deus, daqueles que são chamados segundo o Seu propósito. Pois aos que Ele de antemão conheceu, também os predestinou para serem conformes à imagem do Seu Filho, a fim de que Ele seja o primogênito entre muitos irmãos." (Romanos 8:28-29).

Estas palavras sagradas serviram como uma fonte de esperança em momentos em que passei por experiências difíceis. Sempre me recordo de que, de alguma maneira, tudo contribuirá para o meu bem. Embora já tenha questionado, com o tempo, fui agraciada com respostas suficientes. Hoje, apenas aguardo com paciência, pois sei que nossa vida está nas mãos do grande Pai celestial, que tem um belo propósito que nos inclui.

Venho de um legado de uma família cristã e neste momento quero expressar minha gratidão pela vida e o cuidado dedicados dos meus queridos pais, Jairo Veloso Batista e Noelia Costa Batista. Durante minha infância, acompanhada de meus irmãos Ana, Dene, e Jairinho, e tios queridos. Íamos sempre a igreja, muito cedo me converti, começando a caminhada em busca de conhecer a Deus e aumentar minha fé.

Desde a adolescência já apresentava sinais de ansiedade, dormia pouco, tinha tremores, sofria de refluxo, qualquer jantar poderia resultar em um mal-estar durante a noite.

No dia 5 de agosto de 1989, pude testemunhar o cuidado de Deus em minha vida ao me casar com meu grande amor, Carlos Vanê Farias, a pessoa mais comprometida que já conheci. Ele cuidou e continua cuidando de mim em todas as fases da vida, com amor e atenção, sempre me estimulando a ser melhor a cada dia. Além de me presentear com cunhadas irmãs, cunhados amigos e sobrinhos preciosos. Dessa união nasceram minhas maiores realizações, Vanessa e Calebe, filhos cuidadosos e carinhosos.

Logo após o nascimento de minha filha Vanessa, comecei a refletir sobre como poderia proporcionar a ela uma vida melhor. Nessa época, minha tia Sônia Caldas Batista, casada com meu tio Josué, começou a falar sobre o Evangelho do Reino, o governo de Deus sobre a vida do homem e o propósito divino de formar uma grande família de filhos semelhantes a Jesus. Ela nos ensinou sobre a importância de depender de Deus não apenas por conhecimento, mas também por obediência e por compartilhar esse propósito, ensinando a guardar Seus ensinamentos como Ele deseja (Mateus 28:18-20). Meu marido se converteu nessa época e ambos abraçamos esse propósito, passando a compartilhá-lo e ensiná-lo às pessoas ao nosso redor.

A partir desse momento, tive a oportunidade de me conectar com muitas mulheres. Para minha surpresa, muitas delas sofriam de depressão, síndrome do pânico e transtornos de ansiedade. Confesso que, inicialmente, eu não entendia muito bem essa realidade, pois carregava uma crença limitante: a de que um cristão não poderia ser afetado emocionalmente e, se isso acontecesse, era porque havia pecados em sua vida. Por causa dessa crença, eu evitava me envolver profundamente com questões relacionadas à saúde mental. No entanto, quanto mais eu tentava me afastar, mais pessoas com problemas emocionais se aproximavam de mim em busca de ajuda.

Ao longo de um ano, quatro pessoas chegaram ao ponto de tentar tirar suas próprias vidas e eu fui chamada para ajudá-las. Foi nesse momento que percebi minha sensibilidade e comecei a notar mudanças em meu próprio comportamento. Tornei-me mais sensível às dores das pessoas, me sentia constantemente sobrecarregada e começava a enfrentar ansiedades cada vez mais intensas: dificuldade para respirar, taquicardia, desconforto ao sentar-me no banco traseiro de um carro, a ponto de não conseguir mais dirigir e até mesmo viajar de avião, somente com medicação. Cheguei a experimentar tremores nas mãos e nos pés ao ouvir sobre situações problemáticas.

Encontrei-me em um estado de exaustão mental e emocional, incapaz de gerenciar minhas próprias emoções. Nesse momento, eu sabia que Deus estava tentando me mostrar algo, pois Ele não me abandonava, apesar de toda angústia e confusão mental. Sentia irritabilidade e tristeza profunda. A companhia constante do meu marido e a oração dos irmãos amados, foi o que me sustentou nesse período, já que nossos filhos já haviam saído de casa, casados, com os queridos genro Lauro Faria e a nora, Mila Limoeiro.

A insônia tornou-se minha companheira diária, e dormir três horas já era considerado um luxo para mim. Na maioria das noites, eu não conseguia dormir.

Precisei passar por uma cirurgia para a retirada da vesícula e, devido a uma crise de síndrome do pânico, fui impedida de receber alta no dia seguinte. O médico plantonista reconheceu minha condição e chamou uma psicóloga, que me perguntou se eu já estava em tratamento. Constrangida, tive que admitir que não estava. Foi nesse momento que percebi todos os anos em que vinha apresentando sinais de alerta e não havia procurado ajuda.

Ao sair do hospital, decidimos conversar com meu tio, que é pastor e psicólogo, Raimundo Goodgloves, e sua doce esposa, tia Jacyra, que já tinham experiência nesses assuntos. Ele nos disse algo impactante: se temos problemas no coração, buscamos um cardiologista; se temos problemas emocionais, por que não buscamos especialistas na área? Foi aí que compreendi a necessidade e a urgência de cuidar da minha saúde emocional.

Precisava abandonar a crença disfuncional de que cristãos não adoecem emocionalmente e que qualquer problema emocional é resultado de pecado. Afinal, tanto o emocional quanto o espiritual devem ser tratados e resolvidos. Imediatamente entendi que Deus estava me guiando e abrindo minha mente para que eu pudesse cuidar das minhas emoções, marquei uma consulta com um psiquiatra, embora estivesse apreensiva, pensando que seria medicada com remédios pesados e acabaria dependente deles.

Nesse momento, minha ansiedade atingiu seu auge e minha gengiva, inflamada devido ao estresse emocional, voltou a me incomodar, levando-me a buscar ajuda com o Dr. Rito Kleber. Ao ver meu estado agoniado, ele ligou para uma irmã da igreja que também era psicóloga, a Dra. Aline Ibarra, que me acompanhou e tranquilizou. Então, dei início ao acompanhamento psiquiátrico com o Dr. Dinalio Bulhões, que compartilhava a abordagem de evitar o uso excessivo de medicamentos e, aos poucos, introduzir as doses necessárias para alcançar os objetivos terapêuticos. Após dois meses de medicação, finalmente consegui voltar a dormir bem.

Ao longo desse processo, também testemunhei pastores dedicando atenção à saúde emocional de suas congregações. Um deles, Sérgio Avillez, me enviou uma indicação de um curso e, em um momento de oração, perguntei a Deus por que eu deveria me envolver com essa área. Foi então que Ele me respondeu: "Moisés poderia ter entrado na Terra Prometida se ele soubesse administrar suas emoções" (Dt. 32:50-52). Aquelas palavras ecoaram em mim, revelando o quanto podemos perder por não saber gerenciar nossas emoções. Entendi que acreditar que a fé é incompatível com desafios emocionais é limitar o poder transformador que existe dentro de nós.

A partir desse momento, decidi buscar ajuda para aprender a gerenciar minhas próprias emoções e ajudar aqueles que nem sequer percebem que estão caminhando em direção a uma situação que pode se agravar e prejudicá-los. Cursei a formação TEPM, ministrada por Juliana Souza, especialista no universo emocional feminino, que me proporcionou a cura e a capacitação para atuar como terapeuta integrativa. Além disso, participei de outros dois cursos, sobre TCC (Terapia Cognitivo-Comportamental) e *Mindfulness*.

Decidi ingressar na faculdade de Psicologia para aprofundar meus conhecimentos e comecei a ajudar mulheres, fornecendo informações sobre o gerenciamento das emoções, incentivando o autoconhecimento e a autocura, e capacitando-as a enfrentar outras situações desafiadoras.

O grande propósito eterno de Deus acabou por conquistar meu coração e me despertou para um propósito íntimo e menor, mas significativo: guiar mulheres rumo ao autoconhecimento e a autocura, capacitando-as a olhar para o propósito maior do nosso grandioso Deus. Lembrei-me de que a ciência também é uma criação divina e que Ele pode trazer cura miraculosa tanto através da ciência quanto por meio de profissionais capacitados. Afinal, todas as coisas **são Dele, por Ele e para Ele.**

Agora, reflito sobre o fato de que tudo começa em nós, por meio de nossa responsabilidade pessoal e autoconsciência. Reconheci a minha própria necessidade e tomei a decisão de buscar ajuda. Percebi que as crenças disfuncionais e limitantes precisavam ser eliminadas para que eu pudesse experimentar a boa, perfeita e agradável vontade de Deus em minha vida.

À medida que minha própria cura se fortalecia, senti o desejo de compartilhar esse conhecimento e auxiliar outras mulheres em suas jornadas pessoais. Tornei-me uma facilitadora, guiando-as em direção à sua própria transformação e libertação emocional.

Ao longo desse caminho, testemunhei mulheres recuperando a esperança, restaurando relacionamentos, superando traumas e encontrando propósito e significado em suas vidas. Vi-as descobrindo suas verdadeiras identidades e vivendo em plenitude, podendo se conectar com o plano divino.

Cada mulher que ajudo é uma inspiração para mim. Seus sorrisos, suas histórias de superação e coragem em enfrentar seus medos e desafios me motivam a continuar minha jornada e expandir meu trabalho. Acredito que ao tocar a vida de uma mulher, estou contribuindo, pois precisamos olhar para o corpo, alma e espírito, se quisermos harmonia e bem-estar.

Descobri que buscar ajuda é uma manifestação de confiança no cuidado divino, encontrando força na união dessas duas realidades. Que a minha história te inspire a trilhar caminhos de cura, unindo a fé e os recursos que nos são oferecidos por pessoas qualificadas e dispostas a ajudarem você.

Acreditar que a fé é incompatível com desafios emocionais é limitar o poder transformador que existe em cada um de nós.

Dulce Farias

Elisângela Maciel

Sou Elisângela Maciel, casada, mãe, palestrante e escritora. Formada em Organização Pessoal e Profissional, master coach, PNL e Vendas, eu ressignifiquei meus bloqueios do passado para conquistar a vida que sempre sonhei.

Com dedicação, coragem e fé, me dedico a transformar a vida de outras pessoas através da organização, mostrando que é possível alcançar o sucesso em todas as áreas da vida.

Fale comigo!

oficialelisangelamaciel

elisangela.planosdesaude@gmail.com

DESPERTANDO PARA A RESSIGNIFICAÇÃO DA VIDA

Por Elisângela Maciel

07

Desde muito jovem, sentia os efeitos da falta de liberdade na minha própria casa. Fui criada em um ambiente controlado, onde cada passo que eu dava era vigiado e cada palavra que eu dizia era silenciada. Meu padrasto era uma pessoa que queria as coisas arrumadas do jeito dele o tempo todo, era muito exigente e rígido, o que gerou pequenos traumas que só compreendi na vida adulta.

Esse ambiente sufocante moldou minha personalidade de uma forma que eu não conseguia expressar quem eu realmente era. Especialmente quando se tratava de falar em público, a timidez e o medo tomavam conta de mim, me impedindo de compartilhar minha voz com o mundo.

Lembro-me de uma vez que, ao jantar, tentei compartilhar algo com a família, mas quando eu tentava falar algo, meu padrasto não deixava e mandava eu calar a boca. Assim eu fiz por muitos anos. Me tornei uma adolescente ainda mais tímida e vergonhosa. Em todo lugar que eu ia, sentia vergonha, andava sempre encurvada, era como se eu não quisesse mais ser vista, me encolhia e me retraía em mim mesma.

Na escola era ainda pior, eu não conseguia apresentar trabalhos. Para falar com as pessoas na rua, era um verdadeiro sofrimento. Eu não conseguia me comunicar, pois sentia medo, vergonha. Por muitos anos, sofri com essa inabilidade, o que me atrapalhou até mesmo no início da minha vida profissional. Deixei de fazer muita coisa por carregar esses traumas de infância.

No entanto, a vida me reservou uma oportunidade de transformação e superação, uma nova chance de ter minha voz de volta. Enfrentei inúmeras adversidades e decidi que não queria mais viver limitada pelas experiências do passado, eu precisava despertar e me expressar. Eu precisava conseguir um emprego, mas como faria isso se mal conseguia abrir a boca para me apresentar? Bem, a necessidade me fez começar. Por incrível que possa parecer, minha primeira oportunidade foi como vendedora. Já vendi tudo o que é coisa que você possa imaginar, colchões, compotas e muito mais!

Compreendi que saber falar, se expressar, convencer e vender são habilidades que qualquer pessoa pode desenvolver, basta buscar as ferramentas certas. E foi isso que eu fiz! Busquei recursos e conhecimentos em diferentes áreas, desde desenvolvimento pessoal até habilidades de comunicação e vendas. Fiz terapia para reconhecer meus traumas e bloqueios, participei de cursos de oratória e estudei Programação Neurolinguística (PNL). Eu estava determinada a superar meus medos e inseguranças, a ressignificar minha história e encontrar meu propósito.

Tempos depois comecei a trabalhar com venda de planos de saúde, algo que me realizava profissionalmente. Logo em 2015, fui reconhecida em 1º lugar em vendas de planos de saúde pela Golden Cross Assistência Médica, no Rio de Janeiro. Nesse dia, os melhores vendedores foram premiados com uma viagem para um resort. No dia da premiação, a minha cara era a de quem nem sabia o que estava acontecendo, pois eu apenas coloquei a mão na massa e fiz o que tinha que ser feito.

Essas conquistas foram importantes, não apenas pelo que representavam em termos materiais, mas porque me mostraram que eu era capaz de superar qualquer obstáculo. Acreditei no poder da minha mente e foquei em oferecer valor e qualidade aos meus clientes, sem medo.

Eu aprendi que ser um bom vendedor não é apenas oferecer produtos ou serviços, mas sim, entender profundamente o ser humano por trás de cada cliente. Cada pessoa tem suas próprias necessidades e motivações, e é nosso papel como vendedores entregar o que elas precisam, seja uma palavra de conforto, um conhecimento valioso ou até mesmo um produto. Desenvolver empatia e pensar em soluções que sejam verdadeiramente benéficas para ambos os lados é essencial para estabelecer uma relação de confiança e alcançar resultados extraordinários em qualquer área profissional.

Ao longo dos últimos anos, fui novamente presenteada com títulos, 3 carros e diversas viagens em *resorts* paradisíacos, graças ao meu trabalho duro e esforço, mas nada disso seria possível se eu tivesse permitido que as crenças que estavam na minha mente e me bloquearam tomassem conta da minha opinião sobre mim mesma.

Hoje, eu tenho muita gratidão por tudo que aconteceu nesse segmento, pois foi através desse trabalho que eu consegui reformar a minha casa e conquistar alguns sonhos. Afirmo que ainda não cheguei ao lugar que desejo, pois estou aprendendo constantemente, mas tenho muita certeza de que chegarei.

Acredito que as cobranças na infância despertaram e ativaram em mim uma busca pela organização que, hoje, me faz bem. Na verdade, quando eu vejo quem me tornei na organização, observo que aqueles traumas do passado foram verdadeiramente ressignificados, me tornando organizada em tudo o que faço e isso virou uma excelente habilidade profissional. Eu sempre fui a louca do caderninho e das anotações, mas agora havia me transformado em uma das melhores vendedoras, graças a essas manias!

Com esse traço de personalidade para organizar, resolvi fazer um curso de *personal organize*r e descobri que em várias áreas da vida e da casa, eu já utilizava métodos de organização que eu não sabia nomear e que existiam técnicas por trás desses processos.

A organização então se tornou uma ferramenta poderosa em minha vida, permitindo-me lidar com os desafios do dia a dia de maneira mais eficiente e tranquila. Compartilhar esse conhecimento e ajudar outras pessoas a transformarem suas vidas através da organização tornou-se parte integrante do meu propósito e eu precisava descobrir como compartilhar tudo o que eu havia aprendido.

Durante essa jornada de autodescoberta, percebi que a minha história de superação e resiliência poderia ser uma fonte de inspiração para pessoas que também haviam enfrentado bloqueios, traumas e limitações. Percebi que havia encontrado minha missão na vida: ajudar no desenvolvimento e capacitação de pessoas através da organização.

Comecei a desenvolver diversos projetos, cursos, livros, me tornei palestrante e já estava pronta para me jogar de vez nesse novo mundo, mas eu esqueci de uma coisa importante, aquilo que sempre falo para quem quer se tornar um bom vendedor ou profissional: não esqueça do ser humano!

Eu me esqueci...esqueci que sou uma pessoa, que preciso também dedicar tempo e cuidado com minha mente, corpo e saúde. E foi então que, em determinado momento, enfrentei o esgotamento mental, mesmo sendo autônoma, estava com todos os sintomas da Síndrome de *Burnout*. Nessa fase, não conseguia mais ter forças para nada, contava com o apoio total do meu marido para me fazer levantar da cama, eu simplesmente não via mais a beleza no meu trabalho, me sentia cansada e sem motivação.

Percebi que eu precisava de ajuda e assim fui ao psiquiatra, iniciei a terapia e descobri a importância de cuidar da minha saúde emocional. A partir daí, voltei com mais foco do que nunca, decidida a compartilhar conhecimento e motivação com todos que precisam. Note que eu não me vejo como uma vítima, mas como alguém que escolheu enfrentar seus medos e desafios de frente. Tenho orgulho de ter superado cada obstáculo e de ter encontrado minha verdadeira vocação profissional.

Ainda tenho grandes planos para o futuro. Desejo continuar meu crescimento como palestrante para instruir e inspirar pessoas a ressignificarem suas próprias vidas. Acredito que cada indivíduo possui um propósito único e quero ajudá-los a descobrirem e alcançarem todo o seu potencial.

Se há algo que posso compartilhar com você, é que a vida sempre pode ser transformada. Não importa o quão desafiadoras sejam as circunstâncias, sempre há uma maneira de ressignificar e encontrar um caminho para o sucesso. Invista em si mesmo, busque conhecimento, enfrente seus medos e descubra seu verdadeiro propósito. Lembre-se de que você é capaz de alcançar resultados extraordinários. Portanto, meu convite para você é que desperte e ressignifique sua história, supere seus medos e se torne a melhor versão de si mesmo.

No final do dia, o que realmente importa não é só o sucesso material ou os títulos que conquistamos, mas sim, o impacto que causamos na vida das pessoas ao nosso redor.

Quando nos dispomos a ajudar outras pessoas a encontrarem seu propósito de vida e se tornarem as melhores no que se propuserem a fazer, estamos abrindo portas para um mundo repleto de significado e realização. Estamos mostrando que cada um de nós possui um conjunto único de talentos e habilidades e que esses dons podem ser direcionados para fazerem a diferença. Nesse mundo, o sucesso não é medido apenas por números, mas pela satisfação pessoal e pelo impacto positivo que deixamos. É um mundo onde o trabalho se torna uma expressão de nossa essência e cada tarefa realizada deve ser feita com excelência e dedicação.

Portanto, não subestime o impacto que você pode ter na vida de alguém. Seja um mentor, um guia, um exemplo a seguir. Compartilhe seu conhecimento, dê apoio e inspire outros a seguirem em frente, mesmo que no passado ninguém tenha feito o mesmo por você. Pois quando ajudamos alguém a encontrar seu propósito, estamos criando uma corrente de transformação.

Espero que essa história sirva para exemplificar que não importa como é a sua realidade hoje, ou de onde você veio, sempre é possível aprender e desenvolver novas habilidades, basta ter o autoconhecimento para identificar seus bloqueios e amarras mentais, e trabalhar para despertar o seu lado mais corajoso. Assim, você alcançará a vida que realmente merece viver.

"

Ressignifique o passado, desperte para o hoje e prepare-se para um futuro extraordinário.

Elisângela Maciel

Fátima de Almeida

Maria de Fátima de Almeida nasceu em Santo Antônio de Jesus/BA, uma mulher apaixonada pelo saber. Herdou do seu pai o cuidado com o meio ambiente, o encanto pela música e o fascínio pela observação das estrelas. Essas paixões a levaram a se especializar na área, além de também ser expert em mídia na Educação foi buscar a neurociência e projetos educacionais.

Sua jornada é marcada pela força da mulher negra e pelo compromisso com a educação e bem-estar como terapeuta (TEPM), utilizando todo o conhecimento acumulado durante sua vida para ajudar pessoas.

terapeuta _fau

+55 (71) 99917-0156

m.afire@hotmail.com

Fatima Almeida

ALÉM DA INQUIETAÇÃO: UMA JORNADA DE AUTOCURA

Por Fátima de Almeida

08

A partir de agora estaremos navegando pelas águas turvas da minha vida, perdida em feridas emocionais de muitos anos atrás. Nascida de parto normal feito por uma parteira, sou a terceira de 5 filhos. Sempre ouvi da minha mãe: "Tenha muito cuidado para não ficar como a sua avó", porque segundo a minha mãe, minha avó chorava muito, sem motivo e assim como ela, eu chorava por tudo, ainda que estivesse alegre. Minha mãe, infelizmente, perdeu sua mãe ainda pequena, quando ela faleceu durante o parto, o que deixou uma marca profunda nela e gerou um medo intenso de ter uma filha mulher e repetir o infeliz destino da minha avó.

Como consequência desse medo, minha mãe limitava minhas ações, sempre diminuindo minhas queixas de dor ou tristeza. Inconscientemente, reproduziu em mim os mesmos padrões que havia sofrido, sem perceber que tinha um raciocínio infantil, e mesmo hoje, aos 94 anos, ela ainda tem um pensamento pouco reflexivo.

É interessante como nossas histórias se entrelaçam ou se espelham. A minha trajetória foi marcada por um evento traumático que ocorreu quando eu tinha só quatro anos, algo que aconteceu de forma natural, sem más intenções. Meus pais saíram para uma festa e me deixaram sozinha em casa por muitas horas, me lembro de acordar sozinha em uma casa escura rodeada pela mata nativa. No entanto, esse pequeno evento estimulou um medo irracional que se tornou o gatilho para minhas reações emocionais. A partir daí, sempre que me deparava com algum tipo de estímulo relacionado, esse medo era acionado novamente e tomava conta de mim.

Cheguei à adolescência e os cuidados eram ainda maiores, isso porque a menarca na minha família era motivo de preocupação, pois a partir daquele momento a menina, agora mulher cíclica, tinha no seu calendário 15 dias produtivos e 15 sem produção alguma, visto que a menstruação na minha família, e isso se estendeu até a terceira geração, era um período improdutivo pelas queixas de dores e pelas idas e vindas do pronto-socorro.

E como naquele período era um tabu falar de menstruação ou cólicas menstruais, éramos forçadas a ficar sofrendo sem dizer qual era o motivo, no máximo ouvíamos *"Quando você casar, isso passa"*, *"É feio chorar, não demonstre fraqueza"*, *"Cale a boca, não fique triste, medrosa"*, *"É feio sentir raiva, menina dengosa, não foi nada, já passou, finge que está tudo bem"*, este era o tratamento.

Somente depois de adulta e já na terapia é que pude entender o real significado de tudo isso. Orientada pela Juliana Souza, ao conhecer as fases e as peculiaridades do meu ciclo, este momento de acolhimento do feminino tomou outro significado: as fases acolhidas de forma consciente fazem toda a diferença na vida da mulher. E ela classifica as fases do ciclo e os períodos ideais, as recomendações para cada fase, os desafios encontrados em cada período e as suas potencialidades. Ao identificar cada fase do ciclo e escolhendo os melhores momentos para tomar decisões ou criar com mais facilidade, a mulher pode ter resultados extraordinários!

Sem ter esse entendimento, fui crescendo e sentindo a cada dia mais medo de tudo. Minha habilidade de me relacionar com as pessoas estava profundamente comprometida, eu tinha receio de participar de festas e eventos. Passei quase toda minha vida sem diversão, sem realmente entender o porquê.

Foram ciclos de medo e pânico desencadeados por situações inofensivas e comuns para a maioria das pessoas. Falando em ciclos, posso relacionar a falta de conhecimento nesse período com o sofrimento que enfrentei. Neguei minha própria feminilidade no início da adolescência, influenciada por crenças e padrões da sociedade. Eu não queria parecer bonita ou desejável para não despertar o interesse dos meninos. Essa negação persistiu durante a adolescência e me acompanhou até a idade adulta.

Quando iniciei meu relacionamento com uma pessoa doente e narcisista, minhas feridas emocionais aprofundaram-se ainda mais. Enquanto isso, eu segui minha carreira, me tornando funcionária pública da Secretaria da Saúde do Estado da Bahia e também me tornei docente.

Foi nesse momento que comecei a relembrar os traumas da minha mãe e a entender como reproduzi esses padrões. Infelizmente, tive um filho com essa pessoa narcisista e cruel, mas assim que percebi a situação, me afastei. Foi um processo doloroso, principalmente por causa do impacto que teve no meu filho.

Sempre quis ser mãe, mas não queria ser mãe solo. Foi somente aos 37 anos que tive meu filho. Sonhava em ter uma família, mas meus pais se separaram quando eu tinha 16 anos e passei por momentos difíceis de escassez. Repetia os mesmos padrões em todos os meus relacionamentos, trazendo a sensação de abandono e rejeição.

Continuando minha jornada de busca por conhecimento, sempre nutri um amor pela busca do saber e pela compreensão do mundo e da minha própria história. Sempre quis entender a origem das coisas, o porquê por trás de tudo. Durante a faculdade, fui monitora em diversas turmas e, posteriormente, me especializei em áreas como meio ambiente, mídia na educação e projetos educacionais, que inclui a Neurociência. Essas escolhas foram impulsionadas pelo desejo de aprender e expandir meus horizontes.

No entanto, a necessidade de entender o que estava errado comigo, porque vivia com tanto medo e pânico, me levou a descobrir a terapia. Até então, minha experiência com profissionais da área se limitava a psicólogos e psicanalistas tradicionais. A alternativa mais próxima que conhecia eram os tratamentos orientais, mas os via como algo distante, reservado apenas para artistas e celebridades.

Desconhecia a possibilidade da terapia integrativa voltada para o bem-estar, autocura e o desenvolvimento pessoal.

Foi através dessa busca que descobri o Reiki, terapias integrativas e outras abordagens que melhoraram minha qualidade de vida e proporcionaram o autoconhecimento. Foi assim que me formei terapeuta, encontrando o método TEPM (Terapeuta Especialista no Universo Emocional Feminino), descobrindo que eu própria sofria de síndrome do pânico. Eu desmaiava, perdia a voz, ficava com a visão embaçada, uveíte (inflamação nos olhos), sentia dores intensas, doenças da pele e crises, sem saber ao certo o motivo.

Ao buscar a causa desses sintomas, descobri que estava relacionada a uma emoção mal processada, um sentimento de abandono decorrente do período em que fiquei sozinha na infância. Naquela época, morava em um lugar cercado pela Mata Atlântica, sem luz elétrica, e fiquei um tempo considerável em completa solidão. Neste momento, um sentimento de medo ativou a minha amígdala cerebral, que modelou um caminho neural mal processado. Esta, quando foi ativada, mesmo que por um curto período, causou uma ferida emocional profunda em mim. Esse evento despertou o medo e amplificou as sensações ao meu redor, reforçando esses sentimentos por horas a fio.

Quando meu filho nasceu, ainda não havia encontrado o tratamento adequado para lidar com meus medos. Infelizmente, acabei transmitindo minha ansiedade para ele e ele se tornou uma criança extremamente ansiosa, embora também fosse incrivelmente inteligente e criativo, sempre cheio de energia.

O momento mais marcante de transformação em minha vida foi quando meu filho foi selecionado, junto com alguns alunos da escola, para um projeto na Universidade de Harvard. Ele se dedicou intensamente, mas, por conta do meu medo, não permiti que a viagem dele fosse possível. Foi como se ele perdesse a motivação, afinal, se sua mãe não deixava que ele vivesse suas conquistas, por que ele deveria se esforçar tanto?

Me dei conta de que não estava apenas sofrendo sozinha e prejudicando a mim mesma, mas também estava causando sofrimento ao meu filho. Aquela revelação foi um choque para mim. Percebi que precisava buscar ajuda, mas nenhum dos profissionais com os quais me consultei parecia encontrar a solução.

Foi quando descobri o poder de estudar e aprender por conta própria. Nessa jornada pessoal, encontrei a mentora Juliana, uma terapeuta que, ao ouvir minha história, se identificou profundamente comigo. Era como se nossas histórias fossem iguais, pois ela também tinha enfrentado os mesmos medos e desafios.

Foi então que mergulhei de cabeça na terapia, não apenas por mim, mas principalmente pelo bem-estar do meu filho. Eu já me sentia bem mentalmente, mas percebi que precisava ajudá-lo a superar os mesmos padrões de abandono e rejeição que eu havia vivenciado. Mesmo com todas as tentativas anteriores em consultórios de psicólogos, não obtivemos os resultados que esperávamos.

Dessa forma, comecei a fazer sessões de terapia com meu filho. Ele revelou que muitos de seus problemas estavam ligados a mim e ao fato de que sua concepção não havia sido planejada ou desejada. No entanto, parei as sessões de terapia na época, pois descobri que muitas das suas dores foram projetadas por mim e precisei buscar outra terapeuta para concluir o processo. Posteriormente, meu filho foi para Harvard, e mesmo ausente passei dias sem falar ao telefone e consegui lidar com a situação mantendo o equilíbrio sem ansiedade ou medo excessivo.

Foi por meio dessa jornada de autoconhecimento e superação que percebi a importância da terapia em nossas vidas. Então, se você está passando por momentos difíceis, se está lidando com traumas do passado, ou mesmo se deseja simplesmente se conhecer melhor, saiba que a terapia pode ser uma luz no fim do túnel.

A terapia é um espaço seguro para se expressar, compreender emoções e desenvolver habilidades de enfrentamento através das limitações dos seus medos e através do autoconhecimento.

Seja o protagonista da sua própria história e abrace a terapia. Ela pode ser o que falta para desbloquear o seu verdadeiro potencial e ajudá-lo(a) a alcançar uma vida extraordinária!

Cuide-se!

> “A chave para viver o propósito e transbordar é o autoconhecimento, e a senha é a terapia.
>
> Fátima de Almeida

Isana Menezes

Sou Isana Menezes, uma especialista em impulsionar as mulheres da minha geração. Filha de Edson França e Ana Maria Menezes, casada com Edson Shindi e mãe de Pedro e Isaac. Terapeuta especialista no universo feminino, mentora e criadora do projeto Despertar 7.7, um método de mentoria e ensino para mulheres. Mulher sonhadora e lutadora que insiste em viver o melhor de Deus para minha vida.

Sou serva de Deus e, através do meu testemunho de vida, alcancei muitas pessoas que precisavam de restauração emocional e interior. Se Deus nos fez estarmos aqui, é porque Ele tem propósito maior e o meu propósito é compartilhar, abençoar e multiplicar na vida das pessoas. Fale comigo!

isana.menezes

MEU DESPERTAR EM DEUS

Por Isana Menezes

09

Deus tem um propósito na vida de cada um, e não foi diferente na minha vida. Ele sempre tem o melhor para nós, Ele pega uma improvável e faz ser provável. Relacionar-se com Deus não é apenas cumprir rotinas vãs e vazias com simbolismos espirituais, relacionar-se com Deus é ir além, é construir um relacionamento íntimo e pessoal com o Pai. É deixarmos Ele adentrar e mudar tudo aquilo que precisa ser alterado quando, muitas vezes, não temos nada a oferecer.

Olhando para minha história, vivenciei um momento em Deus que mudou completamente minha vida. Íamos passar o primeiro Dia das Mães todos juntos, depois que minha irmã caçula se casou. Eu iria pela primeira vez aos Estados Unidos, estava muito feliz, pois um mês antes do embarque, visitei os filhos recém-nascidos de cinco amigas que não podiam engravidar, as quais orei por dois anos, para que Deus fizesse esse grande milagre. Ficando claro que eu mesma já orava para que Deus me concedesse a bênção de engravidar novamente, após quase 10 anos da minha primeira gestação.

Deus sempre nos surpreende durante o percurso dos nossos planos, fazendo infinitamente mais do que pensamos ou imaginamos. Fui tirar meu visto americano, meus pastores e familiares estavam orando por mim, fiz jejum e orei muito ao Pai por aquele momento. Lembro-me como hoje, havia voltado recentemente do Japão e não me sentia segura em dirigir sozinha por São Paulo, pois já faziam cinco anos que estava fora do Brasil. Na madrugada que antecedeu minha entrevista, o Espírito Santo não me deixou dormir, passei a madrugada orando e não sabia explicar naquele momento por que sentia tanto medo. Mas logo na manhã da entrevista, entendi o porquê.

Assim que cheguei próximo à embaixada, parei o carro e tirei a chave do contato, olhei para trás e vi o Pedro, meu filho, dormindo tranquilamente. Foi quando de repente, alguém abriu a porta do carro e me empurrou para o banco do passageiro me dizendo: "Perdeu, perdeu!" Nesse momento, estava sendo empurrada por um homem, foi quando coloquei as mãos sobre as pastas com os documentos e, olhando para trás, vi meu filho ainda dormindo.

Foi aí que decidi reagir, comecei a clamar: "O sangue de Jesus tem poder!" Nesse instante, consegui empurrá-lo com o ombro esquerdo gritando em alta voz e o Espírito Santo agiu, pois tenho no meu ombro bursite e não conseguiria jogar um homem adulto e armado para fora do meu carro sozinha. O que vou relatar agora não é para incentivar, apenas para explicar como agi em defesa minha e do meu filho.

Quando o homem foi arremessado por Deus para fora do meu carro, não pensei duas vezes, joguei-me em cima dele, segurei sua mão e coloquei meu dedo em cima do dele, para que o revólver não disparasse. Nessa hora, veio outro homem. O homem, que estava lutando, gritou: "Atira na cabeça dela e mata!" Vendo aquele segundo homem, soltei a arma e falei: "Misericórdia, Jesus!"

O homem que lutava comigo correu e o segundo me olhou, nessa hora, Jesus me disse: *"Ele é filho de crente, desviado."* Eu via Jesus segurando no ombro dele. Foi nesse momento que ele disse: "Moça, por favor, entre no carro e vá embora!" Eu entrei no carro, procurei a chave e foi então que meu filho Pedro acordou, como se Deus tivesse deixado ele em um sono profundo.

Hoje, sei que o Senhor o livrou e o guardou, pois meu carro era de quatro portas, Deus preservou a vida dele para que os bandidos não o usassem como refém. Liguei o carro e pensei: "E agora, Jesus? Para onde eu vou?" Estava atordoada. Deus, nesse momento, disse-me: *"Pegue à direita e vire à esquerda"*. Cheguei chorando muito a um estacionamento, dizendo: "Moço, aqui é seguro?" Pasmem, havia voltado para frente do consulado novamente.

Não sei dizer como fiz aquilo, humanamente, não tem explicação. O que sei é que foi Deus que me levou até lá. Fui para a fila e consegui meu visto, não nego, foi muito difícil voltar dirigindo com meu filho. Passado tudo isso, chegou a véspera do meu embarque e senti o Espírito Santo falando comigo para fazer um teste de gravidez, já fazia tantos anos e tantas tentativas, mas mesmo assim, fiz o teste, foi quando vi que estava grávida, Deus havia feito o que me prometeu.

De repente, uma dúvida pairou sobre mim: "Agora, eu posso ir?" Liguei para a médica e ela me disse que poderia ir sem problemas. Na fila do embarque, comecei a sentir uma cólica, mas no primeiro trimestre, é normal, pensei. Foi então, quando estava chegando ao meu destino, ainda no avião, senti uma dor, corri ao banheiro, foi quando vi que estava sangrando. Nossa, que choque! Foi uma mistura terrível de medo e culpa. Sabe que milhões de coisas passaram pela minha mente, mas o que fazer? Estava dentro do avião, a metros de altura do chão, foi quando meu mundo desabou.

Cheguei, vi minha família e, quando tudo parecia festa, estava indo ao hospital, o médico me pediu repouso absoluto e disse que eu não poderia fazer nada de esforço, nada de caminhar. Vi meu bebê tão pequenino pelo ultrassom e pude ouvir os batimentos do seu coração, voltei para casa da minha irmã, foi tão difícil e solitário, uma dor me corroía. Passei por um processo doloroso, mas eu lhe digo: todo processo não foi para minha morte, mas sim, para me fortalecer no propósito que Ele tem na minha vida.

Já era hora de voltar ao Brasil, já sabia que não estava mais grávida, mas não contei a ninguém, na minha mala tinha várias coisas do enxoval. No mesmo instante, uma americana se aproximou, ela sorriu para mim e me entregou um pedaço de papel, que carrego na Bíblia até hoje, escrito a lápis, dizia: *"Eu abençoo sua casa e a sua família, Eu cuido de tudo."* A moça, que estava ao meu lado, começou a chorar e me disse que era um anjo, Deus estava falando comigo.

Ninguém sabia, somente eu e Deus, que minutos antes dessa moça me entregar o papel, pregando para aquela mulher ao meu lado, que estava afastada de Deus, fiz uma oração dentro do meu coração, chorando através da minha alma, pedindo: "Deus, fala comigo, manifeste-se a mim." Naquele momento, tive a certeza de que tudo estava no controle d'Ele.

Daria, para família, a notícia, na minha festa de aniversário, num culto de ação de graças que Deus havia me pedido. Aí, você me diz: "Culto de ação de graças num luto, por quê?" Eu lhe respondo: porque Aquele, que começou a boa obra, é fiel para terminar e cumprir em nós tudo aquilo que Ele almeja.

Foi muito difícil e doloroso, mas gratificante, pois sei a quem sirvo, meu Redentor vive. Não vou mentir, nem ser hipócrita, foram dias difíceis e desafiadores. Numa tarde, estava chorando, sentada no meu quarto, estava ouvindo um louvor da Fernanda Brum, chamado "Cura-me", música que ela compôs quando perdeu o seu bebê e ela conta o testemunho.

Naquele momento, eu me levantei, fui até a janela, meu lugar de oração e orei: "Jesus, eu sei que o Senhor me ama e o Senhor não precisa provar. Mas preciso sentir o Senhor aqui." De repente, vejo uma borboleta que passou voando, continuei: "Pai, não estou duvidando que é o Senhor, mas faz ela voltar, ela voltar,.." Eu falei pela terceira vez: "Pai, eu sei que o Senhor me ama e o senhor não precisa me provar nada, mas faz ela voltar novamente."

Coloquei meus dedos para fora da tela de proteção, a borboleta pousou sobre eles, ficou me olhando e batia as asas com as cores marrom e detalhes em preto e branco, senti-me abraçada pelo Pai. A borboleta permaneceu ali por um tempo e, naquele momento, Deus falou comigo, entregando-me a palavra profética: "Eu te vejo."

Entendi, naquele momento, o que Jesus fez com Pedro quando ele o negou três vezes. Pedro não tinha tido um encontro com o Pai, mas quando Jesus ressuscita e vai ao encontro dele, Jesus chega até a praia e Pedro o reconhece (João 21:1-19). Deus teve um propósito na vida de Pedro, assim como tem na minha e na sua vida. Naquele momento, tive a convicção do encontro verdadeiro e genuíno com Ele.

Jesus me disse que escreveria um livro para compartilhar um dos milagres vividos por mim ao mundo. Talvez você se sinta tão pequenino, preso a traumas e dores, que insistem em permanecer vivos em sua vida. Saiba: *"O choro dura uma noite, mas a alegria vem pela manhã."* Salmos 30:5

Compreendi que há uma diferença entre ter fé e ter uma relação com Deus. As pessoas costumam inverter essa relação, achando que Deus está ali para servi-las, quando na verdade, nós que estamos aqui para servi-lo. Pedi por cura emocional e pelo crescimento de minha mente e percebi que tenho a possibilidade de reescrever minha história, basta querer. Assim, tornei-me mais resiliente e aprendi a não ser a vítima, mas a protagonista da minha própria vida.

Em um momento de profunda busca por direcionamento, pedi a Deus um despertar. Ele me respondeu: *"Eu te vejo."* E eu compreendi todas as vezes que Deus esteve presente, mesmo quando não acreditava em mim mesma. E foi assim que surgiu o "Despertar 7.7", meu canal online, que se tornou uma forma de compartilhar sabedoria e conhecimento para quem, assim como eu, enfrentou tormentas. O canal é uma obra de Deus e para Deus, não apenas para as pessoas.

Deus me mostrou tão claramente que esse projeto seria meu novo propósito, traduziu cada letra dele como um guia para a fé e a vida, em sua perfeita plenitude:

D: direcionando vidas;

E: elevando a consciência;

S: solidificando a sua fé;

P: projetando sonhos;

E: estipulando metas;

R: ressignificando padrões;

T: transformando a mentalidade;

A: abrindo espaço ao novo;

R: rompendo em fé.

Hoje, tenho uma vontade imensa de viver e uma energia renovada. Através da terapia e do apoio de Deus, descobri que sou capaz de conquistar muito mais do que imaginava. Tornei-me uma inspiração para outras mulheres e percebi que Deus as guiará em suas jornadas também. Sou uma pessoa mais leve e conhecedora da Palavra de Deus na prática.

Encorajo cada leitor a acreditar em si mesmo e nas maravilhas que Deus pode realizar em suas vidas. Porque, afinal, Deus é mais do que podemos imaginar e Sua presença transforma tudo em um verdadeiro milagre. Quando estamos em sintonia com Deus, tudo se encaixa.

“

Eu te vejo.

Isana Menezes

Ivania Rodrigues

Sou estudiosa e apaixonada pelo funcionamento da mente humana e por saber sobre o impacto que as feridas emocionais causam na vida do adulto. Meu nome é Ivania Rodrigues, acumulo mais de duas décadas de experiência ajudando mais de 5 mil alunos (em cursos e treinamentos online e presencial).

Psicóloga, escritora, neurocientista e treinadora de mentalidade. Sou hoje uma das maiores especialistas em reprogramação mental, cura dos bloqueios que impedem a prosperidade. Minha missão de alma é transbordar na vida das pessoas com o despertar emocional, espiritual e consciencial.

ivaniarodrigues.psicologa

ivania.psicologia@gmail.com

TRANSFORMANDO FRACASSOS EM VITÓRIAS

Ivania Rodrigues

10

Esta é uma história de vida e renascimento. Renascer é o processo do qual você lamenta a sua perda e, depois, levanta-se e começa tudo de novo. É um dos principais segredos para alcançar o sucesso. É preciso coragem para construir o próprio memorial mental, transformar tragédias em triunfos, agonias em êxtase e devastação em comemoração.

Nem sempre podemos restaurar o que os incêndios destroem na nossa vida, às vezes, é melhor que as cinzas sejam esquecidas para que algo novo seja construído. O meu despertar começou quando mergulhei nas profundezas da minha existência, descobri que o verdadeiro caminho para o sucesso se encontra além dos limites da nossa mente.

Cresci em um lar com muito amor por parte da minha mãe e meus irmãos, mas permeado por muitos medos e inseguranças. Morávamos em um bairro perigoso e violento na cidade de São Paulo. Eu era uma criança amedrontada e alerta. A casa em que morávamos ficava em cima de um morro que, em dia de chuva torrencial, parecia que iria desmoronar. Para chegar lá, precisávamos subir uma escada de madeira de mais ou menos vinte degraus, intercalados por vãos enormes. Aquela escada era um pesadelo diário, por diversas vezes, ficava paralisada nela sem conseguir subir, as pernas tremiam, imaginando sempre o pior.

O passado se repetia com roupas diferentes. Mais tarde, percebi aquele medo me perseguindo em outros contextos da minha vida. Quantas vezes me vi paralisada na vida, ameaçada pelo fracasso, na busca por algo que tanto queria. Apreensiva demais para cobrar o valor justo pelo meu trabalho, intimidada demais para me defender quando era humilhada por alguém, com medo demais de não ser amada, sem confiança suficiente para me aventurar em novos projetos, por achar que o desafio era grande demais para mim.

O medo faz de todos nós protcladores covardes, o medo da grande escada se apresentava na forma de expectativas baixas, apreensão diante de novas responsabilidades, negação da realidade ou colocação de barreiras imaginárias em todos os meus planos. O medo faz com que nos contentemos com menos do que somos capazes e nos impede de aproveitar a vida em sua plenitude. O medo tem a poderosa capacidade de nos fazer recuar, de manter nossos talentos reprimidos e de sabotar nossos sonhos.

O primeiro despertar: vencer o medo

Não é fácil vencer o medo, mas sim, é possível. Cada vez que o medo vem à tona, aprendi a fazer um exercício mental considerando aquilo que pode acontecer de pior, caso fracassasse, e de melhor, caso fosse bem-sucedida. Condicionei minha mente a substituir o medo de subir a escada, por uma linda ponte cheia de flores, que me conduzia tranquilamente aos meus objetivos. Decidi acreditar que qualquer pessoa pode vencer o medo, se fizer as coisas que teme e continuar a fazê-las, até deixar um rastro de experiências bem-sucedidas atrás de si.

Meu primeiro despertar veio através do autoconhecimento. Conhecimento é poder e liberdade. Estudei: psicologia, psicanálise, PNL, metafísica, teosofia, constelação familiar, hipnose clínica e ativismo quântico. Mergulhei nos estudos de Carl Jung, fundador da Psicologia Analítica, o que me trouxe clareza sobre questões existenciais e espiritualidade.

Era tempo de superar as dores do passado, de limpar a lousa e reescrever a minha história. Muitos estão vivendo com machucados trazidos de um passado de fracassos, medos e perseguições, que parecem insuperáveis. A ferida está aberta e o machucado permanece inflamado e dolorido. Há muitas pessoas que gostam de alimentar sua ferida oculta.

Nunca permiti que a minha ferida me transformasse em uma mulher amarga, é por isso que a vida sempre me apresentou um segundo ato. Dessa vez, foi quando encontrei a causa raiz de todos os eventos traumáticos da minha vida. Revisitei várias vezes a menina paralisada subindo aquela escada e coloquei a ponte florida para ela passar.

Essa busca me levou a desenvolver um Programa Terapêutico Avançado (PTA), chamado "Método Gênesis - A Causa Raiz", que tem ajudado milhares de pessoas a cicatrizarem as feridas secretas, curarem a depressão, elevarem a autoestima, pararem de viver de suspiros e sofrimentos, enfrentarem seus medos e curarem as feridas emocionais de rejeição e abandono para, enfim, transitarem na vida com leveza e alegria.

O segundo despertar: o sagrado feminino

Eu sabia que estava sendo lapidada para me tornar uma mulher de alto valor. Minhas fraquezas se apresentavam em duas áreas: a prosperidade, que envolve dinheiro, finanças, carreira e sucesso; e vida pessoal, que abrange confiança, plenitude, realização e satisfação. Eu já ajudava centenas de pessoas, mas não colhia os frutos do meu trabalho, o que me causava muita angústia. Não ver meu trabalho frutificar me levou a compreender que criamos cem por cento a nossa realidade e que, se estava criando a carência, eu também poderia criar a abundância. Então, parei de buscar culpados pelos meus medos e fracassos e entendi que estava criando aquele cenário de vida indesejado.

Perguntei a mim mesma: "Quem estou querendo ferir com esses comportamentos? Eu ou alguém?" Respondi ao mais profundo do meu ser: "Eu mesma." Sim, estava me ferindo. O que me impedia de ter uma vida próspera eram as minhas crenças de desmerecimento e o medo da rejeição. Esses bloqueios impactavam fortemente os meus projetos, entrava em ciclos repetitivos de fracassos financeiros, sem encontrar uma saída.

Na vida pessoal, não entendia porque nunca estava feliz, realizada e satisfeita. Já havia construído uma família linda, mas faltava algo. Entender a importância de honrar o sagrado feminino e a minha ancestralidade liberou os meus caminhos, aceitei que estava fazendo mau uso da minha energia feminina.

O ventre é um portal de criação de vida e de projetos e, no meu ventre, tinha memórias de muitas dores, gerando um feminino ferido. A causa disso foi presenciar minha mãe ser subjugada pelo meu pai, o que me tornou uma mulher armada até os dentes, sempre olhando o masculino como perigoso. O cenário que estava criando não era nada positivo, pois, estava adoecendo com uma doença autoimune.

Curar meu sagrado feminino transcendeu os limites da minha cura pessoal, abrindo caminhos para ajudar na cura de outras mulheres. Aspirava, ardentemente, despertar a mulher selvagem que habitava em suas essências, propiciando-lhes a reconexão com a natureza primordial e com a energia insondável da Mãe Terra. Reuni várias ferramentas de conexão com o sagrado feminino e, inspirada no livro "Mulheres que correm com Lobos", da Clarissa Pinkola Estés, que identifica a essência da alma feminina com o arquétipo da mulher selvagem, criei um novo projeto em honra ao sagrado feminino.

Nasce o "Despertar da Loba", uma vivência sagrada, destinada a conectar a mulher com o âmago do feminino divino, viver de forma autêntica e respeitar a sua essência mais íntima. A mulher moderna, em uma corrida frenética pelo sucesso, desconectou-se da sua essência, vestiu a roupa da mulher forte e produtiva, a heroína que salva todo mundo e se esquece de si mesma.

O resultado desse estilo de vida é: medo, depressão, insegurança, fragilidade, bloqueio e falta de criatividade. Estão assoberbadas com o acúmulo de funções na família e na vida profissional. Sinto muita gratidão por ter desenvolvido este trabalho, pois tem ajudado milhares de mulheres ao redor do mundo.

O terceiro despertar: a coragem do aço forjado no fogo

Devemos respeitar as lições duramente ensinadas nesta jornada, porque é na superação da dor e da enfermidade, do sofrimento e da injustiça, que se forja o caráter. Somente os que têm raízes profundas são capazes de suportarem os tempos difíceis sem esmorecerem.

Assim, entreguei-me a um processo de lapidação. Eu já havia me curado nos aspectos emocional, físico e mental. Meus projetos já eram um sucesso, pois estava vivendo meu propósito. Faltava rever meus valores espirituais. Ao ser forjada pelo fogo, abandonei crenças e doutrinas que não faziam mais sentido para o meu novo eu. Compreendi que Deus é a inteligência suprema do universo, que é a mais pura bondade e que somos diamantes em lapidação constante. Nossas experiências são partes do aprendizado para podermos retornar à fonte Criadora.

Tive acesso a três verdades da vida: a primeira é que crio cem por cento a minha realidade; a segunda é que não estamos separados, todos estamos unidos em um esforço colaborativo; e a terceira verdade é que somos seres eternos. Vivemos a vida sem esse conhecimento e somos condicionados a acreditar que Deus está distante, não fomos ensinados a procurá-lo dentro de nós mesmos, trazemos em nossos traços a herança do Criador. Temos uma Centelha Divina, que é a partícula que se desprendeu do Criador e formou a nossa célula primordial.

Quando deixamos a nossa vida ser guiada pela Centelha, tudo flui: dinheiro, trabalho, saúde e relacionamentos. Despertamos a nossa consciência para questões existenciais importantes, estivemos sofrendo de um problema de identidade equivocada, sucumbimos a uma espécie de amnésia espiritual em que nos esquecemos de nossa origem e de nossa natureza como filhos de Deus.

Esse esquecimento nos leva a agir de modo medíocre porque não temos a compreensão de quem realmente somos. O apego ao ego bloqueia o fluxo da abundância e prosperidade, manifestando escassez. Como nos ensina Osho: "O apego é a raiz de todo o sofrimento da humanidade."

Eu desapeguei e despertei para a mulher que sou hoje. Sou realizada em todas as áreas da minha vida. Sou uma psicóloga bem-sucedida e meu trabalho *online* já atravessou oceanos. Sou grata a Deus e à espiritualidade por cada conquista, esta obra é a terceira de minha coautoria. Sinto muito orgulho da mulher que me tornei e estou sempre em busca de evoluir meu espírito. Espero que a minha história possa te inspirar a quebrar padrões e a perceber que nunca é tarde para despertar o seu melhor.

“

Deus colocou os sonhos dentro de nós para podermos realizá-los.

Ivania Rodrigues

Juliane Souto

Sou Juliane Souto, carioca, esposa, mãe e amiga, com temperamento colérico. Palestrante, autora de artigo e testemunha da transformação de Deus, após um trauma na infância resultar em uma disfunção da fala, levando-me à gagueira. Com uma vida de altos e baixos emocionais, eu me formei em Fisioterapia em 2005.

Em minha jornada, especializei-me também em Saúde Pélvica Feminina, descobrindo o meu propósito de ajudar as outras pessoas por meio da profissão. Encontrei, através da Voz do Criador, a minha própria voz, para expressar e compartilhar meu conhecimento com as mulheres que precisam de meu acolhimento.

draju_fisiopelvica

jufisioterapiapelvica@gmail.com

+55 (21) 97450-4145

QUANDO A DOR SE TORNA IMPULSO PARA ALCANÇAR VIDAS E LUGARES MAIS ALTOS

Por Juliane Souto

11

Se você me perguntar hoje como foi minha infância, vou lhe responder que foi boa e edificante. Venho de uma família de pai e mãe unidos e presentes. Tenho uma irmã de 4 anos mais nova, tivemos uma educação rígida, porém à base de muita conversa. Fizemos muitas viagens e passeios juntos, tudo parecia perfeito.

Entretanto, não posso afirmar que tudo foi perfeito. Lembro-me de ter sido molestada por uma pessoa próxima à família quando tinha por volta de 7 anos de idade. Creio que o trauma causado por essa pessoa me gerou uma alteração na fala, uma gagueira que convivo até hoje.

Recordo-me de que não foi por um longo período, mas o suficiente para fazer com que passasse o final da minha infância, adolescência e início de vida adulta (na faculdade) sempre em alerta e com muita dificuldade de comunicação. Isso sem falar do *bullying*, que na época, nem era classificado assim.

Tornei-me tímida e introspectiva. Falar era muito complicado, atender um telefone, pedir um produto em uma loja, apresentar-me, tudo era muito difícil, sofrido e na base, muitas vezes, do choro. No início da adolescência, lembro-me muito bem de que decidi não mais falar. Peguei papel e comecei a escrever como forma de expressão em substituição à fala, o que me destruiu.

Entendi que não podia continuar com essa forma de comunicação, minhas questões internas só pioraram. Meus pais investiram em tratamentos com fonoaudióloga e terapia psicológica, o que pouco amenizaram os sintomas. A fala continuava sendo um grande limitante para meu desenvolvimento e vida social.

Mesmo no caos da fala, sentia-me muito amada por minha família e parentes. Já tinha ouvido falar em Deus, fiz amizades, namorei, estudei (e muito), comecei a trabalhar com o que amo, a fisioterapia, casei-me, tive filha, fiz algumas especializações na minha profissão, mas sempre a fala sendo uma sombra escura, preenchendo onde eu estava, tirando-me do eixo, travando-me, não permitindo que me expressasse como gostaria.

As palavras vinham à minha mente, queria me posicionar, ter a minha vez, falar sobre minha opinião, mas sempre me calava, a voz era substituída pelo choro, pois as palavras, quando saíam, eram como tropeços: picotadas. Na minha última especialização em Fisioterapia, um pouco depois de completar 30 anos de idade, cursei Fisioterapia na Saúde da Mulher, Uroginecologia, Proctologia e Obstetrícia. Foi aqui que precisei tomar uma decisão na minha vida.

Eu tinha dois dados em minhas mãos:

1) Tenho conhecimento dos estudos somados à prática da vivência clínica.

2) Existem muitas mulheres que têm disfunções pélvicas, seja por não saberem ou por normalizarem.

Foi quando entendi claramente: "Eu preciso falar! Sair falando da importância do autocuidado, do autoconhecimento, da prevenção das disfunções, dos tratamentos que existem." Mas como isso iria acontecer, se até então, a fala era uma dor e uma limitação para mim?

Aqui, de fato, já conhecia Deus. Sua obra maravilhosa do fôlego de vida, do sustento, da Cruz, do perdão, da redenção, da paz que excede todo entendimento, da cura, da vida eterna, da loucura que é para este mundo. Pensei: "Tenho que ser uma agente de divulgação de boas notícias e ser canal de tratamento e cura na vida dessas mulheres."

Dei início à uma rede social profissional. O que para muitas pessoas era super normal e empolgante, esse universo, para mim era um mistério, pois começaria a me expor, como até então, nunca tinha feito pelo medo de falar. Sem falar com a voz, comecei a escrever sobre assuntos da saúde pélvica da mulher.

No decorrer desse caminhar, algum processo maravilhoso já acontecia em mim, mesmo sem ver e nem saber o que me esperava. Fui impulsionada em Cristo, em oração, em alto e bom som, usando a minha voz, a mesma que titubeia, a declarar perdão para a pessoa que me molestou , que em meu ser, creio ter sido o estopim para a disfunção da fala. Foi um derramar tão grande e tão lindo! Um mover verdadeiramente sobrenatural. Não vi, não escutei, apenas senti o consolo do Espírito Santo enquanto dirigia meu carro. Sim, isso aconteceu enquanto dirigia. Pois não existe lugar ou momento do qual Deus não possa agir.

Voltando ao meu alavancar, continuei na rede social com minha missão de propagar as boas-novas da saúde pélvica da mulher. Quantas mulheres sofrem de disfunções sexuais, com dores durante a relação, causadas por traumas de abusos ou de relacionamentos negativos? Estima-se que aproximadamente 50,9% das mulheres já tiveram ou ainda possuem algum nível de disfunção sexual (Revista Brasileira de Sexualidade Humana), seja com dor, diminuição ou ausência de libido, por conceitos mentais que foram embutidos no decorrer da vida, ou até mesmo, por falta de conhecimento sobre como você é enquanto mulher. Tantas pessoas precisam ser ajudadas e eu com medo de falar? Não dava mais.

Comecei a falar literalmente, com pequenos vídeos tímidos, medrosos, robotizados, mas falados. Horas de tentativas. Meus atendimentos na fisioterapia pélvica começaram a ser mais rebuscados, mais cheios de informações, travando, gaguejando, mas levando informações como missão.

Fui motivada a me prontificar a palestrar sobre saúde pélvica para as mulheres, na Igreja local que congregava. Nunca havia feito isso, salvo nas apresentações de trabalho de conclusão de curso, que foram ao meu ver, ao mesmo tempo, maravilhosas pelo conteúdo teórico que apresentava, aliás, sentia a necessidade de suprir a palavra falada e, ao mesmo tempo, tenebrosa, pois tinha vergonha de mim porque gaguejava e de quem me ouvia gaguejar.

Vale ressaltar que na minha primeira apresentação de monografia, um dos componentes da banca de avaliação, ao término da minha apresentação, falou: "Sua nota é 10 com louvor!" Chorei muito de alegria, mesmo sabendo que não tinha sido boa no discurso falado, pelos tropeços e pelo fato de que, mesmo depois de muitas noites em claro, pedindo a Deus cura para essa apresentação, onde fisicamente não fui curada, consegui concretizar com louvor um feito através da minha fala. Tenho certeza de que servi de inspiração. Deus tem seus desígnios, seus planos, seus caminhos, quem sou eu para interferir, não é mesmo?

Fiz a palestra na igreja com microfone na mão, *slide* na parede e fé no coração. E não é que deu certo? Gaguejei? Sim! Mas as informações que me propus a passar foram passadas. Algumas mulheres me chamaram, depois da apresentação, para falar sobre o que elas estavam passando em relação a sintomas pélvicos. Ali entendi que poderia realmente ajudar e ir além.

Fui me jogando cada vez mais com incentivo do meu marido e filha, como também dos pais e amigos. Tremendo em uma mescla de felicidade e fé. Tornei-me mais assídua na minha comunicação verbal, tanto pessoalmente quanto na rede social, com isso, vieram dois convites para entrevistas em canais televisivos virtuais. Inesperado, mas que tremendo! Só Deus pode transformar qualquer situação em motivação e vitória. Não podemos surpreender a Deus, mas Ele é expert em nos surpreender.

Mais palestras foram e estão surgindo, eventos chegando e eu me vestindo de ousadia em Cristo, participando e falando, em cada um deles, sobre saúde pélvica. Mas para mim, a minha mensagem está indo além da saúde física, que tanto amo propagar. Fui despertada! Não é sobre mim. Sou apenas um canal, instrumento, assim como você também deve ser. Não pedi a gagueira, ela chegou.

Sofri muito com ela, ainda gaguejo, mas hoje, entendo muito bem três coisas:

- Deus nos livra antes que o mal maior nos sobrevenha.

- Posso em Deus todas as coisas, segundo a Sua vontade.

- Com objetivo certo, o caminhar é mais leve.

Considero-me curada sim! Curada da dor que quis me paralisar, curada dos sentimentos de raiva e medo, curada da vergonha e da timidez. Hoje deixo minha mensagem de forma que a motive a não permitir que o que foi depositado em você no passado paralise-a de forma que acabe com seu futuro. E sim, hoje vejo meu passado como edificante, pois com ele, apesar de todas dificuldades, hoje me tornei uma mulher em constante processo de aperfeiçoamento.

Recebo mensagens de encorajamento e gratidão, o que me incentiva a continuar compartilhando minha experiência e conhecimento. Se eu puder ajudar, mesmo que seja a uma pessoa se sentir mais confiante, empoderada e resiliente, então, minha jornada já terá valido a pena.

No entanto, a superação não é um processo linear. Haverá momentos de altos e baixos, momentos em que me sentirei forte e confiante, e outros em que me sentirei vulnerável e insegura. Mas é justamente nesses momentos de dificuldade, que encontro uma força interior para continuar seguindo em frente.

Acredito que a chave para a superação está em abraçar quem somos, com todas as nossas imperfeições e dificuldades. É aceitar nossas experiências passadas e as utilizar como combustível para construir um futuro melhor. Muitas pessoas estiveram comigo durante esse processo de entendimento e avanço, gostaria de as honrar por isso, principalmente minha família, marido, filha, meus pais, irmã, parentes e amigos próximos. Também, as pessoas que Deus, no decorrer desta jornada, colocou em minha vida, mesmo sem me conhecerem muito, acreditaram em mim e me impulsionaram a crescer, chegar onde estou e continuar avançando.

Você duvida da bondade de Deus porque está em uma situação difícil? Ou você vai começar a orar de alma e espírito por uma oportunidade, para Ele se manifestar tremendamente no meio do seu problema? Deus, em todo momento, fez, ainda faz e sempre fará, revelando-se em Sua Palavra. Ele pede para que: *"Sejamos fortes e corajosos para que não tenhamos medo e que não desanimemos, independente do que já enfrentamos ou tenhamos que enfrentar."* Adaptado de Josué 1:9

Que cada passo que der seja um lembrete de que a transformação é possível e de que cada um de nós tem o poder de superar, crescer e se tornar a melhor versão de si mesmo.

"

A sua dor precisa impulsioná-la até seu objetivo e não diminuir seu ritmo até te fazer parar.

Juliane Souto

Lilia Pedrada

Sou Lilia Pedrada, mãe e esposa dedicada. Uma mulher que descobriu sua força ao enfrentar o pior momento de sua vida: a perda da minha mãe. Meu processo de luto fez com que compreendesse os misteriosos caminhos da fé e meu propósito como profissional.

Formada em enfermagem e doutoranda, hoje dedico meus dias a construir um legado de cuidado e compaixão aos pacientes da rede pública de saúde, que enfrentam os mesmos desafios que um dia enfrentei.

@liliapedrada

liliapedrada@hotmail.com

DO LUTO À LUTA

Por Lilia Pedrada

12

Antes de tudo, para entender a minha história, você precisa conhecer a minha mãe. Uma menina pobre que saiu do interior de um estado para uma metrópole de outro, não conhecia nada da vida, sem orientação, com seus 15 anos de idade, no auge de sua adolescência. Conseguiu um emprego, conheceu um rapaz loiro, alto, de olhos muito azuis, começou um relacionamento e engravidou.

Quando nasci, minha mãe tinha 16 anos. Seguiu como mãe solteira, trabalhando em padarias e açougues para cuidar daquele pequeno ser branquinho, com dois olhos tão azuis, como duas bolinhas de safira. Cresci com essa pequena diferença de idade para com a minha mãe. O que são 16 anos de diferença? Dois anos depois, ela conheceu meu pai. Sim, meu pai! Aquele que me deu seu sobrenome, que cuidou de mim como filha, que eu chamava de "meu pai", passando esse legado para meu irmão caçula, filho biológico dele e de minha mãe.

Meu pai desenvolveu um tumor cerebral, infelizmente um câncer, quando eu tinha 14 anos e minha mãe 30. Recordo-me com muita nitidez, ajudando minha mãe a dar banho nele, no horário de intervalo do almoço dela, na empresa onde trabalhava. Era bem corrido, ele estava fraco, emagrecido e sem um fio de cabelo devido à quimioterapia e radioterapia.

Lembro ainda que passava horas conversando com ele na varanda, sentada aos seus pés, enquanto permanecia em sua cadeira, fugia-lhe a lucidez, eu não o contrariava. Entrava em seu mundo fantasioso, que estava comprometido pela doença no cérebro, perdurou por dois anos, até que então, ele veio a óbito.

Morávamos em um bairro humilde, porém a violência já marcava presença, nossa casa foi invadida e levaram tudo que puderam, enquanto estávamos de luto, dois dias após a partida do meu pai. Estávamos vulneráveis, precisávamos mudar daquele bairro, mas para vender ou alugar a casa, poderia demorar um pouco, então fizemos a garagem da casa da minha tia nossa casa provisória, por onde passamos um período.

Comecei a trabalhar aos 17 anos, meu Ensino Médio seria em Contabilidade. No primeiro dia de aula, o diretor da escola reuniu todos os alunos para informar que não haveria mais esse curso, concedeu-nos 15 minutos para decidirmos entre os cursos técnico em Química ou Técnico em Mecânica. Como odiava química com toda minha força, escolhi mecânica.

Quando terminei o curso, precisava de carga horária de estágio para tirar a carteira do Conselho Regional de Engenharia e Agronomia (CREA), consegui em uma empresa de equipamentos médicos para cirurgia cardíaca, onde iniciei como programadora da produção desses equipamentos, até o acompanhamento desses equipamentos no procedimento cirúrgico hospitalar (perfusionista). Como não tinha condições de cursar medicina, fiz enfermagem para seguir carreira.

A vida seguiu, e eu, no auge da juventude, aos 18 anos, trabalhava duro para pagar minha faculdade de enfermagem. As dificuldades eram constantes, lembro-me com gratidão da minha mãe comprando meu único livro novo de anatomia, já que só podia comprar livros usados. Foi então que conheci uma amiga que me apresentou a Jesus, esse momento foi um divisor de águas na minha vida. Desde jovem, carregava questionamentos sobre o que aconteceria conosco após a morte. Mas com a descoberta da fé, encontrei alívio e uma perspectiva de eternidade.

Casei-me aos 23 anos e engravidei pela primeira vez aos 26 anos. Nessa gravidez, desenvolvi hiperêmese gravídica, cheguei a realizar 25 episódios de vômitos por dia, desidratava-me e tinha que ser internada. Em uma dessas internações, realizei exame de ultrassonografia, que mostrou ausência de embrião, somente resquícios dentro do saco embrionário. Lembro-me da médica falando que eu era nova e poderia ter outros filhos. Foi uma noite terrível, éramos jovens, pais de primeira viagem e teríamos que aguardar o médico obstetra até o dia seguinte, para realizar a curetagem.

No dia seguinte, o médico me deu alta, falou que não haveria problemas aguardar em casa, que deveria voltar em 10 dias para fazer a curetagem. Na verdade, Deus estava usando esse médico nessa decisão, ficamos esses dias orando sem saber se tínhamos ou não um bebê no ventre, mas pedimos para que fosse feita a vontade do nosso Deus.

Quando voltamos, após os 10 dias, o médico fez o ultrassom, uma grande surpresa: um coraçãozinho batendo forte e acelerado. Ficamos muito felizes por não termos feito a curetagem, pois seria um procedimento que impediria essa nova vida. Dei à luz a minha preciosa filha.

Minha jornada profissional no centro cirúrgico continuou, agora como enfermeira supervisora e não mais perfusionista, ao longo dos anos, até o dia de hoje. Enquanto lidava com os desafios do trabalho, também enfrentei uma série de eventos estressantes em minha vida pessoal, como por exemplo, a enfermidade de minha mãe.

Minha mãe se converteu e decidiu andar no caminho de Deus comigo. Sempre fomos muito unidas, lembro-me de quando ela tinha por volta dos 41 anos e me contou sobre um sonho muito vívido, onde um passarinho trazia no bico um recado de Deus para ela. Nesse bilhete, dizia que minha mãe morreria aos 44 anos de idade, que Deus viria buscá-la. Ela me contou e, como não admitia a nossa separação, não dei crédito.

Quando ela estava com 42 anos, desenvolveu miomas no útero, teve que retirá-los junto a um dos ovários que estava com cistos, conservaram o outro ovário, pois minha mãe era muito nova para ficar com deficiência hormonal. O que não sabíamos era que um carcinoma, um dos cânceres mais letais, iria se desenvolver nesse ovário. Ela teve que ser operada novamente quando minha filha tinha apenas 1 mês de vida, aí começou a luta contra o câncer, com quimioterapia e todo o sofrimento que esse tipo de doença e tratamento causam ao paciente.

Eu sempre orava e pedia de todo o coração que ela ficasse bem, quando estava perto de completar 44 anos, só me recordava do sonho dela, embora não compartilhasse minhas angústias para não piorar seu estado emocional. Ela resolveu morar com uma das irmãs em outro estado e, por vezes, chamavam-me porque ela não estava bem. Eu trabalhava em um hospital e, como minha filha era muito pequena, por vezes, deixava-a com o pai e avó paterna, eram momentos difíceis para toda a família.

Lembro-me do dia que foi internada com o abdômen bastante distendido, com presença de líquido (ascite), para um procedimento cirúrgico. O que mais me marcou foi o pedido dela para que não permitíssemos que instalassem a bolsa de colostomia nela, mas infelizmente, durante a cirurgia, o médico visualizou que os órgãos estavam com muita aderência e teria que fazer colostomia. Eu estava presente na cirurgia, perguntei se seria temporária e ele disse que era permanente. Porém, nunca contei isso a ela, pois sabia que iria destruí-la.

Após a alta hospitalar, voltei ao Rio de Janeiro para cuidar da minha filha, mas logo me ligaram informando que ela não estava bem novamente. Ela já estava em um estado muito debilitado, quase deixando esta vida. Lembro que no fim daquela tarde, minha mãe, já sem conseguir verbalizar direito, disse que estava com vontade de chupar a bala Pastilha Garoto, para relembrar sua infância. Não medi esforços, saí à procura da bala. Fui correndo ao shopping mais próximo e encontrei, tive que quebrar um pedaço bem pequeno para que ela pudesse ao menos sentir o sabor.

Antes de se ausentar para sempre, passou-me instruções sobre como cuidar de mim e do meu irmão. E assim ela partiu, com seus 44 anos. Às vezes não há uma explicação racional para os planos de Deus. Minha mãe, um dia antes de partir, teve um outro sonho, disse que quando estivesse partindo, eu e toda família ouviríamos o bramido do mar. Aquilo seria a confirmação de que ela estaria indo encontrar com Deus e sentiríamos conforto.

Na noite de sua partida, choveu muito. Vesti o corpo dela com as roupas que havia combinado e separado, suas irmãs não tiveram coragem. Naquele momento, acredito que amadureci uns 10 anos, foi um momento extremamente doloroso. Quando fui preencher os documentos para o enterro, fui informada que não receberiam nenhum corpo, pois com a chuva constante naqueles dias, caíram barrancos e o cemitério local estava impossibilitado de funcionar. Soube que havia outra localidade, com um cemitério-jardim muito bonito. Eu e minhas tias decidimos enterrarmos minha mãe nesse local, para não ficarmos aguardando estiar a chuva e normalizar o cemitério atingido.

Quando chegamos no local, para a surpresa de todos nós, era em frente ao mar e, no momento de enterrá-la, ouvimos as ondas baterem nas pedras e o bramido do mar, como ela havia falado. Não há explicação, somente a confirmação da presença de Deus.

Segui minha profissão, passei em um concurso público federal para o Instituto Nacional de Oncologia, tomei posse para unidade hospitalar em ginecologia, onde presencio diariamente a doença e o tratamento que precocemente tirou a vida da minha mãe. Continuo estudando, concluí um mestrado e agora curso um doutorado. Meu objetivo é deixar um legado, especialmente para pacientes do SUS (Sistema Único de Saúde), buscando métodos de ajudá-los a passarem de forma mais tranquila e segura pelas experiências semelhantes às de minha mãe.

Acredito que Deus tem um propósito em tudo o que acontece em nossas vidas, mesmo quando não compreendemos esse momento. Aprendi que, apesar da dor da perda e da separação, é possível seguir em frente com a força da família e da fé em Deus. Hoje tenho uma família linda, estou casada há 32 anos e tenho duas filhas que casaram e estão construindo suas famílias, segundo o legado que passamos para elas.

Quando a mulher é despertada, ela surge, ressurge, volta, retorna, suscita, provoca, estimula, aguça, aviva, inflama, acende, convida, acorda, afinal, sua experiência não é só para você, Deus te permite ajudar outras mulheres. E para você, mulher, que está lendo este livro, é hora de superar a dor, o sofrimento, confiar em Deus e acreditar que dias melhores estão logo ali, esperando você.

"

Quando a tristeza bater à porta, convide-a para um café e apresente Quem mora contigo perpetuamente, ela está só de passagem.

Lilia Pedrada

Mari J. Gomes

Sou Marineide de Jesus Gomes, mais conhecida como Mari. Educadora, cientista da informação e psicanalista clínica. Tenho alma selvagem, aprecio a leveza e a liberdade de ser. Amo a cor azul, pisar em folhas secas, abraçar árvores e contemplar o céu. Prezo a verdade e a gentileza.

Sou filha de Eronildes de Jesus Filho e Maria José de Jesus Gomes. Venho de uma família numerosa: tenho dez irmãos e muitos sobrinhos. Sou grata a todos os meus familiares e amigos pelo apoio e incentivo que recebi ao longo da vida. Externo agradecimentos especiais ao meu companheiro de vida, Enoque, e ao meu gato siamês, de nome Jhaza. Desejo a todos os demais o bem, o belo e o bom. Deus é meu tudo.

correiotranscendental

Pílulas Psicanalíticas

fala.psicanalise@gmail.com

+55 (61) 98131-3643

DESPERTADA PARA DESPERTAR

Por Mari J. Gomes

13

Observando os altos e baixos de minha trajetória pessoal, pude constatar que cheguei a um bom lugar. Cheguei talvez ao ponto onde meus ancestrais gostariam de ter chegado, porque tive condições de ultrapassar limites ainda não transpostos. O que bem sei é que eles deram um duro danado para abrir caminhos e criar possibilidades. Minha obrigação moral para com eles e para comigo é ir além. Ciente disso, não poderia, de maneira alguma, desapontá-los.

O ano era 2019, eu andava apática, entristecida, desanimada e sem energia para qualquer coisa na vida. Um sentimento de incapacidade intelectual e de menos-valia tomava conta de mim. Sentava-me à mesa do restaurante próximo ao trabalho e chorava. Tinha dificuldades de compreender as tarefas mais elementares.

Não conseguia socializar e, a maior parte do tempo, fingia estar bem, tentando convencer a mim mesma e aos demais de que tinha tudo sob controle. Meu olhar era triste, apagado e apático. Esse sentimento se estendia para outras áreas da minha vida, como o sangue que escorre sobre a pele de um ferimento aberto. Assim como as lágrimas insistiam em correr sobre minhas faces entristecidas, eu era dominada por uma crescente sensação de que minhas forças tinham se esvaído de meu corpo. Andei assim por alguns dias, semanas e meses.

Notei que havia algo muito errado quando alguém disse a meu respeito: "Parece que ela não está aqui." De fato, eu não estava ali. Eu não desejava estar ali. No fundo, o que mais desejava era fugir, sair correndo e me esconder de tudo e de todos. Naquele preciso momento, era incapaz de apontar um motivo ou razão que justificasse sentimentos tão controversos e tão intensos. Até que uma colega de trabalho compartilhou comigo sua experiência pessoal e seus processos de adoecimento emocional e me indicou um profissional da área médica, que com sorte, poderia me ajudar.

Recordo-me, entretanto, que travei uma luta interior muito grande, uma vez que algumas crenças arraigadas e resistências internas começaram a se manifestar de maneira muito intensa. Eu sabia que não estava bem, mas achava que podia dar conta e resolver tudo sozinha, sem ajuda externa, muito menos de um médico psiquiatra. Exatamente como sempre fiz a vida inteira.

Essa nova perspectiva, porém, tornou-se um daqueles momentos extremamente significativos e, ao mesmo tempo, incômodos na vida de alguém: o momento em que é preciso admitir que não damos conta de tudo e que existe algo complexo em demasia que não somos capazes de resolver com as próprias forças, por mais que queiramos fazer. Naquele momento, percebi que não era infalível, que não era uma super-heroína, que não tinha controle de nada daquilo e que poderia sim sucumbir.

Além disso, havia construído internamente a equivocada crença de que as pessoas que procuram um psiquiatra perderam totalmente o controle de si. Isso era algo internalizado, cristalizado dentro de meu conjunto particular de crenças e, até aquele momento, era tido como uma verdade para mim. Devo confessar que achava terapia algo desnecessário, acreditava que meus amigos sempre estariam por perto para me dar o suporte e apoio de que precisasse, ou que essa atenção e cuidado estariam supridos pelos meus parentes mais próximos ou pelos grupos sociais dos quais fazia parte. Mal sabia o quão essencial seriam essas duas vertentes, terapia e acompanhamento psiquiátrico, na guinada que minha vida teria dali por diante.

Ainda relutante, agendei consulta com o profissional e, ansiosa com o que iria encontrar pela frente, imaginei diferentes cenários possíveis, uma vez que me sentia extremamente vulnerável, exposta, fragilizada e fraca. Fracassada, talvez. Na ocasião, eu era uma pessoa dominada por sentimentos intensos e controversos, esperando o desconhecido numa sala de espera fria e cinza, sem saber o que me aguardava atrás daquela porta pesada, grave, silenciosa e fechada.

O que esperar quando aquela porta fosse aberta? O que fazer? O que dizer? Tantas dúvidas, tantas possibilidades, tanta angústia naquela espera. Talvez a porta se abrisse e um ser místico envolto por um facho de luz emergisse dali, estendesse as mãos e a luz envolvesse tudo, aplacando minhas ansiedades, sanando meu medo, calando meu choro, aclarando minhas dúvidas, dissolvendo minhas inseguranças e levando embora todo aquele turbilhão. Mas não.

Abriu a porta do consultório, um homem comum, estatura mediana, barba e sorriso no rosto. Por fim, o convite: "Entre, por favor!" A conversa ocorreu entre lágrimas e embotamentos de palavras. Havia ainda um receio grandioso de falar. Um medo medonho da própria imagem, da reputação, da repercussão, do julgamento externo e do outro saber. Depois daquele momento, o que todos pensariam de mim? Entretanto, a respeito dessa tempestade de sentimentos e pensamentos, algo dentro de mim confiava que aquilo era realmente necessário. O que foi essencial para que eu conseguisse trilhar os passos seguintes.

Após a consulta, percebi em mim uma visão ainda mais preconceituosa sobre a necessidade de ser medicada. Justo eu, alguém que sempre deu conta? Eu, a super? Eu, a resiliente? A entrevista inicial resultou na possibilidade de eu estar lidando com um processo de depressão acentuada e posterior investigação para Burnout (ou síndrome do esgotamento profissional: distúrbio emocional com sintomas de exaustão extrema, estresse e esgotamento físico, resultante de situações de trabalho desgastantes, ambientes de muita competitividade ou de alta responsabilidade), culminando com meu imediato afastamento do trabalho, licença médica para tratamento da própria saúde. A primeira vez que passaria por algo parecido após

24 anos de exercício profissional, nenhum registro na minha ficha funcional.

Na ocasião, experimentei sentimentos de fracasso, vergonha e culpa. Demorei um pouco para compreender que, na vida, inclusive profissional, carecemos de pausas. Algumas vezes planejadas, por vezes imprevistas ou impostas, porém, sempre necessárias.

Minha grande sorte, porém, foi ter iniciado, em 2018, um curso de psicanálise clínica. Os conhecimentos adquiridos foram determinantes para meu engajamento ao tratamento e maior compreensão da minha própria realidade, aliado à tranquilidade transmitida pelos profissionais que tive a oportunidade de conhecer ao longo do processo. Foi nessa fase que descobri que tudo passaria pelo crivo da aceitação. Aceitação por mim mesma. Aceitação e reconhecimento dos meus limites e das minhas vulnerabilidades. Aceitação dos fatos e a proposição de uma honesta revisão de conceitos.

Esse turbilhão interno foi subitamente alavancado pelo advento da epidemia de Covid-19, que assolou o mundo em 2019. Medo, pavor, vulnerabilidade, solidão e isolamento. Muitos de nós experimentamos os mais diferentes níveis de desconforto e esgotamento psíquico, além do imperioso medo da morte. Nasceu daí minha decisão consciente de autocura e de refazimento, de uma mudança radicalmente transformadora. De uma minuciosa revisão de vida. Decisão consistente e diariamente constituída nas sessões de terapia.

Palavra por palavra, dia após dia, no meu tempo, do meu jeito, nas minhas condições. Sendo paciente e amorosa comigo mesma. Compreendendo e sendo compreendida. Vivendo um dia de cada vez. Aprendendo a ser cada vez mais presente no momento presente. Vivendo com mais leveza e mais autocentramento.

Uma das dinâmicas mais pertinentes que extraí das sessões de terapia foi a de criar, simbolicamente, uma sala de troféus para cada conquista, desafio superado, medo vencido, ou seja, para cada vitória, na jornada do autoconhecimento, um troféu. O objetivo? Lembrar a minha trajetória e recordar que toda conquista implica uma batalha, todo desafio leva a um desbravamento e que o medo pode ser um grande parceiro, desde que não nos impeça de seguir adiante e evoluir.

A metáfora que poderia ilustrar meu aprendizado é a seguinte: nossa existência é um jardim e nós somos os jardineiros. Desenvolver a capacidade de avaliar que tipo de plantas desejamos que cresça, preparar a terra, semear e cultivar, depende diretamente de nós. Cuidar dos excessos e das carências, tudo depende do nosso trabalho. Que fique claro o determinante papel desse jardineiro: apenas ele pode definir o que o deixa feliz e confortável. É ele quem cultiva, rega, ara, poda, corta, semeia, planta e colhe. Saibamos escolher e decidir. Aprendamos a cultivar.

Vivenciar cada singular experiência serviu para que estruturasse as bases de uma sólida reedificação de mim mesma e permitiu o meu encontro com a psicanálise. Trouxe-me a alegria de ser e de viver, para além, possibilitou-me descobrir um propósito: auxiliar pessoas por meio da escuta atenta e acolhedora. Foi necessário mergulhar de forma integral nos meandros da psicanálise, foi exigido conhecer técnicas e dominar teorias, para que finalmente, eu pudesse compreender a máxima de Carl Gustav Jung (psiquiatra e terapeuta suíço, fundador da psicologia analítica) : "Ao tocar uma alma humana, seja apenas outra alma humana."

Depois de me perceber, redescobrir-me e me refazer, pude finalmente me conhecer. A partir disso, passei a frequentar os dois lados do divã, analisada e analisando. As duas coisas me ensinam, ambas me fortalecem. Aproveito para compartilhar o seguinte, a respeito de onde você está agora em sua jornada: independente do que você esteja fazendo neste momento, pense no quanto aqueles que vieram antes de você trabalharam, lutaram e se dedicaram para criar a realidade que você experimenta agora, no dia de hoje.

Pense nisso por apenas um minuto, pense no tamanho da sua responsabilidade, no valor da sua contribuição, nas melhorias que você pode implementar na sua própria realidade e naquilo que deixará como legado para a posteridade. Está nas suas mãos a oportunidade. Este é o seu momento. Esta é a hora exata. Por amor a você e aos seus ancestrais, não desperdice a vida! Seja o mais fantástico e criativo jardineiro, crie a sua sala de troféus, torne-se hoje mesmo a sua melhor versão.

“

Toda conquista implica uma batalha, todo desafio leva a um desbravamento. Tudo o que vivemos serve de pretexto para nossa evolução.

Mari J. Gomes

Maria Paulino

Sou Maria Paulino, uma mulher de coragem e determinação, cuja jornada de vida transcende os traumas e a insegurança. Mãe orgulhosa do Nicolau Neto, esposa amorosa do Roberto Tomaz Paulino e uma serva fiel do Senhor, ressignifiquei minha própria jornada.

Certificada na área de segurança, sempre fui encantada em aprender e testar minhas próprias capacidades. Hoje, com um coração cheio de compaixão, dedico-me a ajudar outras pessoas a encontrarem a mesma evolução espiritual que conquistei.

paulinotomazmaria

mariatomaz1234554321@gmail.com

mariapaulino

RESSIGNIFICANDO A MINHA VIDA

Por Maria Paulino

14

Minha infância na zona rural foi repleta de momentos doces e amargos. Fui criada pelos meus avós com muito zelo, especialmente, pela minha avó Donarra, uma mulher inspiradora e muito guerreira, que me proporcionou amor, carinho e dedicação incondicionais. No entanto, ela nunca soube das situações terríveis pelas quais eu e minha irmã, Terezinha Paulino, passávamos em segredo. Muitas vezes, fomos vítimas de maus-tratos por um conhecido da família, que deixaram marcas profundas em nossa alma, gerando traumas e limitações emocionais que só fui entender anos depois.

Quando nos mudamos para a cidade, as coisas só pioraram, pois passamos a morar perto desse agressor. Toda vez que sinto cheiro de cigarro, vem a lembrança dele, que constantemente fumava e ainda me assombra, trazendo à tona lembranças incômodas e torturantes. As ameaças constantes e as palavras cruéis dele alimentaram a tristeza e a desesperança em meu coração, transformando-me em uma criança triste, medrosa e desmotivada.

Quando minha tristeza chegou ao ápice e eu já não via esperança no meu futuro, tentei suicídio por diversas vezes. Recordo-me de atear fogo em meu próprio corpo, sendo socorrida pela minha avó a tempo. Por sorte, nada mais grave me ocorreu, mas perdi a parte da frente do meu cabelo, isso me tornou ainda mais retraída, pois agora, sofria *bullying*, chamavam-me de "cabelo de pixaim", eu me sentia a menina mais feia que existia, tudo isso arruinou minha autoestima e confiança em mim mesma.

Conforme crescíamos, todas essas experiências negativas se acumulavam e foram explodir na fase mais confusa e inquietante da vida de qualquer pessoa: a adolescência. Minha rebeldia se manifestou de diversas formas, eu e minha irmã nos tornamos cada vez mais indomáveis. A nossa avó, com sua fé inabalável, levava-nos à igreja na cidade, em busca de conforto espiritual. Porém, ainda não conseguíamos encontrar uma conexão sólida com a fé, nem compreender a importância de Deus como transformador do nosso destino.

Foi aos 15 anos, em um encontro na igreja, que conheci alguém que se tornou meu parceiro. No início, acreditei que havia encontrado refúgio e proteção, mas essa pessoa só me usou e me fez sentir ainda mais desvalorizada. Pressionada pelos costumes da época, acabei me casando com ele aos 16 anos. Engravidei, no entanto, minha gravidez foi marcada por dificuldades e sofrimentos. Perdi minha filha quando ela tinha apenas 1 ano e 2 meses, devido a uma meningite, quando eu tinha apenas 17 anos.

Durante esse período, morava ora com minha sogra, ora com meus avós, para aprender a cuidar do bebê, mas depois, ficamos só eu e ele. Infelizmente, meu marido tinha graves problemas com drogas e chegou ao ponto de vender nossos alimentos para sustentar seu vício. A violência se tornou cada vez mais frequente em nosso relacionamento, até que decidi contar para minha avó e minha prima tudo o que estava passando, elas vieram imediatamente me buscar e me ajudaram a sair daquela situação. Perdi o contato com ele e soube apenas, anos depois, que ele havia falecido.

Naquela época, eu não estava estudando e fui morar em João Pessoa, onde comecei a trabalhar como babá e doméstica. De tempos em tempos, visitava minha avó. E foi em uma dessas visitas, que conheci o homem que se tornaria meu esposo, Roberto Tomaz, quem me apresentaria o que é o verdadeiro amor e respeito que sempre mereci. Em uma festa tradicional da região, começamos a conversar e sentimos uma conexão especial, depois de começarmos a namorar, decidimos morar juntos e, mais tarde, engravidamos.

Durante toda a minha vida, nunca tive conversas sobre relacionamentos saudáveis ou amor paterno. Sentia-me desprotegida e negligenciada, como se nunca tivesse recebido nada, principalmente, amor. Embora tenha me declarado e demonstrado meu amor pela minha mãe, sempre senti um afastamento emocional entre nós, essa sensação de rejeição me acompanhava em todos os lugares que ia.

Entretanto, algo incrível aconteceu quando encontrei a fé em Deus. Graças a minha grande amiga, Carla Castro, que me discipulou, encontrei forças que jamais imaginaria encontrar. Foi na igreja que encontrei equilíbrio, maturidade e, acima de tudo, cura para as feridas que carregava. Cheguei lá como alguém doente, tanto emocionalmente quanto espiritualmente, mas fui recebida de braços abertos pela comunidade de fé.

Na igreja, encontrei meu verdadeiro propósito. Aos poucos, fui me reconstruindo e descobrindo a alegria de viver. Aos poucos, aquela mulher amargurada e infeliz foi se transformando em alguém radiante e cheia de vida. Lembro-me que em 2019, participei de um evento que se chamava "Encontro com Deus", assim, saímos da nossa rotina e passamos 3 dias em uma chácara, com muito contato com a natureza e purificação das nossas almas. Nesse evento, escrevi cartas para todos que me fizeram mal, como o meu agressor e meu ex-marido, também fiz para meu pai. Essas cartas foram queimadas e ali entendi o poder do perdão. A fé em Deus me deu forças para perdoar e me libertar de todos os sentimentos e pensamentos ruins, estava livre do rancor, pela primeira vez em toda a minha vida.

Quando olhamos para as páginas das Escrituras Sagradas e contemplamos a grandeza do amor de Deus, encontramos uma mensagem poderosa: "Ele é capaz de limpar nossos pecados, restaurar nossa alegria, trazer paz e bondade aos nossos dias." É uma verdade que ultrapassa o tempo e as circunstâncias, trazendo esperança e renovação para aqueles que buscam, assim como busquei, uma relação íntima com o Senhor.

Deus, em Sua infinita misericórdia, oferece a cada um de nós a oportunidade de perdoar, de sermos perdoados e de experimentarmos a liberdade que só Ele pode proporcionar. Ele conhece nossos corações, nossas lutas e fraquezas, pronto para nos levantar e nos conduzir ao caminho da reconciliação.

Ao concedermos o perdão a quem nos feriu, encontramos em Deus a restauração de nossa alegria. As feridas do passado são curadas, e a dor dá lugar a um profundo sentimento de cura. Quando nos abrimos para o perdão, também somos transformados em agentes de bondade e amor. À medida que experimentamos a magnitude de Deus, somos capacitados a estender essa mesma graça aos outros.

Desde aquele evento, o Senhor vem trabalhando a cura na minha alma e me ajudando a fazer obras na vida de pessoas que precisam. Ouvia seu chamado, dizendo-me: "*Filha, quero te ver como uma criança, sendo a pessoa de Jesus dentro da minha casa.*" Com o apoio da minha igreja (Igreja Apostólica Ministério Vencedores) e com a liderança religiosa dos meus apóstolos, Ezequias Pereira e Luciane Pereira, tenho evoluído como cristã e serva de Deus.

Lembro as palavras da apóstola, que disse que eu havia finalmente encontrado a graça de Deus. Todos os dias, acordo com essa certeza em meu coração, desejando viver plenamente e correr atrás dos meus sonhos. Transformei-me em uma mulher cheia de felicidade, com perspectivas de vida e um desejo genuíno de crescer e ser uma boa para todos ao meu redor.

Atualmente, tenho o privilégio de servir na igreja, participando do ministério de mulheres e sendo responsável pela organização e suporte aos cultos e eventos. Sou grata por poder compartilhar minha história de superação e fé com outras pessoas, pois acredito que minha jornada pode inspirar e encorajar aqueles que estão passando por desafios e provações.

A transformação que ocorreu em minha vida não significa abdicar da minha carreira ou dos meus sonhos, mas sim encontrar um equilíbrio entre ser mãe, esposa, serva de Deus e cuidar do meu lar. Aprendi a ter responsabilidade e a me dedicar a cada uma dessas áreas com amor e paixão.

Hoje, sou casada e tenho um filho de 14 anos, Nicolau Neto, meu maior tesouro. Além disso, consegui concluir meus estudos na área de segurança, seguindo os passos do meu marido. Olho para trás e vejo a mudança que ocorreu em mim. Agora, vejo-me como uma filha amada e uma serva dedicada ao serviço de Deus.

Acordo sempre grata, ansiosa para preparar as refeições para minha família e desfrutar de momentos preciosos juntos. Aprendi a encontrar felicidade nas coisas simples da vida e a valorizar cada instante. Descobri minha autoestima e me sinto bonita e confiante, deixando para trás as inseguranças e os sentimentos de inferioridade.

Olho para trás e vejo como venci a ignorância e os traumas que me assombraram, compreendo com maturidade cada momento difícil que passei, pois eles me moldaram e me fortaleceram, conforme era a vontade do Senhor. Hoje, sou uma mulher realizada, plena e feliz. Quero encorajar a todos, que estão enfrentando suas próprias batalhas, a nunca desistirem. Acreditem no poder transformador da fé e da perseverança. Sei que cada jornada é única, mas tenho certeza de que, com Deus ao nosso lado, podemos superar qualquer adversidade.

Quando recebi o convite para compartilhar minha história, senti uma satisfação imensa e um desejo ardente de transmitir minha fé e felicidade a todos. Quis mostrar que com Deus é possível ressignificar os momentos difíceis, usando o poder da fé para buscar a plenitude em todas as áreas da vida.

Não importa de onde você vem, quais são suas circunstâncias ou quais desafios estão diante de você. Acredite em si mesmo, abrace a fé e encontre forças para seguir em frente. Nunca subestime o poder de perdoar e liberar o peso do passado. Ao perdoar aqueles que nos machucaram, libertamo-nos do ciclo de amargura e ódio, abrindo espaço para o amor de Deus, para a cura e a felicidade verdadeira.

“

“Filha, quero te ver como uma criança, sendo a pessoa de Jesus dentro da minha casa.

Maria Paulino

Mônica Vetsch Lichote de Lima

Sou Mônica Vetsch, mãe de Vinícius Vetsch, estudante de Arquivologia e TEA N1 (Transtorno do Espectro do Autismo – Nível 1). Fonoaudióloga e dentista, atuo com odontopediatria e com PcD. Carioca de nascença, vivi por 14 anos na Suíça, onde tive a oportunidade de trabalhar em duas instituições voltada para crianças e adultos com TEA.

Fiz pós-graduação em Diagnóstico e Terapia em Linguagem, na Suíça, e pós-graduação em Motricidade, na Universidade da Flórida/EUA. Meu objetivo de vida é acolher famílias, praticar uma odontologia humanizada e inclusiva. Minha realização está em poder compartilhar minha história com mulheres despertadas e com propósitos.

dra.monicavetschlichote

monicavetsch@gmail.com

MINHA PROFISSÃO É O MEU DESPERTAR

Por Mônica Vetsch Lichote de Lima

15

Sou a primeira filha de uma mulher corajosa, que se tornou mãe aos 17 anos. Na época, ela estava estudando, mas teve que interromper seus planos para cuidar de mim. Cinco anos depois, nasceu minha irmã, Simone, a única companheira de aventuras que poderia pedir.

Crescemos em Campo Grande, em um bairro de operários, onde meu pai trabalhava. Minha mãe dedicou-se ao lar durante grande parte de sua vida, enquanto meu pai trabalhava em diferentes estados, levando-nos com ele. Nossa primeira parada foi no Rio Grande do Sul, em uma cidade pequena, onde fui alfabetizada. Eu era uma criança do samba e da música, algo que intrigava a comunidade, mas ao mesmo tempo, encantava a todos. Tive a honra de ser rainha da escola, adorava dançar e era frequentemente convidada para eventos escolares.

Em seguida, mudamos para Minas Gerais, quando a Fiat chegou ao Brasil, e meu pai foi trabalhar na construção. Mais tarde, passamos alguns meses em Salvador, mas minha mãe decidiu voltar para o Rio de Janeiro, pois a troca constante de escolas estava prejudicando nossos estudos. Retornamos à cidade maravilhosa e fomos morar com minha avó e bisavó, essa última viveu até os incríveis 114 anos.

Cresci no meio cristão, mas também tinha uma paixão pelo samba, algo que minha família limitava. Estudei em escolas públicas e, mais tarde, meus pais se separaram, com meu pai se mudando para o Nordeste. Minha mãe começou a trabalhar para políticos na época e ganhou destaque nesse campo. Ela sempre foi uma mulher determinada, nunca desejou ser apenas dona de casa. Além das atividades políticas, ela também fazia bolos e outros trabalhos para ajudar nas despesas da casa.

Sua participação ativa no meio político rendeu-lhe valiosas conexões ao longo dos anos. Tudo isso facilitou para minha irmã deixar o Brasil aos 17 anos, para estudar no exterior, enquanto permaneci aqui para cursar a faculdade. Comecei a trabalhar aos 18 anos, na prefeitura do Rio de Janeiro, envolvida em projetos e simultaneamente cursando a faculdade de Fonoaudiologia. Pegava trens, pulava janelas e enfrentava dificuldades diárias comuns aos jovens brasileiros de baixa renda.

Minha turma era composta principalmente por mulheres, e fiz amizade para a vida toda, com uma colega que também era da região. O pai dela nos levava comida, lembro-me de muitas vezes passar o dia comendo maçãs, pois era a fruta mais barata, e eu comprava em lotes, assim, passava o dia estudando sem parar.

Quando finalmente me formei, senti que não podia simplesmente parar por ali, pois sempre acreditei que a educação é uma das melhores formas de mudarmos nossa realidade. Eu queria me aprofundar na área acadêmica, e a fonoaudiologia estava apenas começando a ganhar destaque no Brasil. Minha amiga e eu nos graduamos na época da Reforma da Fonoaudiologia, quando de fato a profissão começou a ser regulamentada no país. Decidi seguir meu sonho de ter uma vida acadêmica e me mudei para o interior de São Paulo. Lá, comecei a trabalhar na APAE (Associação de Pais e Amigos dos Excepcionais), sempre com o desejo de ajudar pessoas com deficiência, algo que me encantava desde a infância.

Buscando aprimorar minha atuação na área educacional, fiz capacitação em docência e fui admitida no mestrado da PUC. Depois, decidi ampliar meus horizontes e fui para a Suíça, onde aprendi o idioma alemão, afinal, minha irmã já estava lá e poderia auxiliar na minha adaptação. Durante minha estadia como estudante por lá, tive a oportunidade de conhecer meu ex-marido, aquela história de amor foi incrível e vivemos momentos inesquecíveis. Juntos, tivemos um filho muito planejado e amado. Meu filho sempre me apresentou comportamentos bem atípicos, mas até então, não tínhamos nenhum diagnóstico.

Vivi durante 14 anos na Suíça e fui pioneira ao estabelecer a primeira creche para filhos de brasileiros, portugueses e estrangeiros de língua portuguesa. Continuava exercendo a fonoaudiologia e enfrentando desafios, especialmente trabalhando com síndromes raras.

Naquela época, havia questões relacionadas a ser brasileira, mulher e fonoaudióloga, sofri exclusão e preconceito como imigrante. Foi uma época difícil, mas nunca pensei em desistir. Enfrentei dificuldades para aprender o alemão, mas sempre carregava minha brasilidade com orgulho. Durante minha estadia na Suíça, fui uma das fundadoras do coral Canta Brasil e tocava na primeira escola de samba composta por suíços e brasileiros que lá viviam.

Conheci diversos países, explorando desertos e me encantando com o norte da África. A cada experiência, percebia o quanto a educação havia transformado minha vida e me levava longe. O caminho não foi fácil, não foi trilhado pelo casamento ou por atalhos convencionais. Hoje possuo um currículo lattes extenso e substancial. Tive a oportunidade de proferir palestras em Portugal, onde conheci a coordenadora de uma universidade que me convidou para compartilhar minha história.

Quando retornei ao Brasil com meu marido e filho, tive uma experiência enriquecedora. Durante minha carreira, tive o privilégio de trabalhar com alunos brilhantes, fui professora universitária em Maringá e tive a oportunidade de presenciar histórias de vida inspiradoras, inclusive de famílias de baixa renda, assim como eu era quando mais jovem.

Aos 48 anos de idade e com um filho adolescente, ingressei na universidade para uma segunda graduação, para atuar na área da odontologia, para pacientes com necessidades especiais. Foram 5 anos de muito esforço e superação, pois trabalhando, estudando e com um filho, não foi um ofício fácil, superei barreiras, preconceitos e etarismo pela idade que iniciei a odontologia. Mas também confesso que tive meus momentos de muito prazer e glória. Glória? Sim!

Durante o curso, recebi uma menção honrosa quando apresentei um trabalho acadêmico no Congresso Brasileiro de Odontologia Hospitalar. Lembro-me de que o trabalho tratava-se de acessibilidade e atendimento odontológico para pessoas com obesidade mórbida, e o momento mais emocionante foi quando, ao buscar o trabalho na última fileira, completamente despreparada e sem as roupas apropriadas para essa ocasião, ouvi meu nome sendo chamado para subir ao palco.

Naquele momento, percebi que meu trabalho estava sendo valorizado e que havia conquistado o respeito dos colegas, superando o estigma da idade. Na fase de vida que estava passando, essa premiação me motivou a continuar e não desistir. Paralelamente ao curso de odontologia, trabalhei com alunos do curso de pedagogia e pós-graduação em Educação Especial, na UNIRIO. Conheci muitos colegas que me incentivaram durante a formação e alguns que também diziam que não ia dar conta, e acabei dando conta. Tenho muito orgulho das duas faculdades que passei.

Atualmente, exerço as minhas duas profissões e costumo dizer que as duas têm muitas afinidades. E o principal é ter que a cada dia acolher e se dedicar a pessoas que buscam tratamento e acolhimento para as dores e problemas que enfrentam. Também trabalho em parceria com uma cirurgiã-dentista, além de atender cantores quando enfrentam problemas de voz. Às vezes, acompanho-os em estúdios.

Não posso deixar de referenciar a minha amada avó, que sempre foi um grande exemplo de mulher, e a minha mãe, que sempre acreditou nas minhas escolhas, embora nem sempre o percurso seja fácil. Meu filho, pois ele é o motivo de acreditar a cada dia que é possível sonhar, pois mesmo agora, com o diagnóstico de TEA, segue feliz e realizado em sua faculdade de Arquivologia e fala diversos idiomas. E claro, agradeço imensamente a Deus, que é minha fonte inesgotável de energia e força.

Encontrei na minha profissão o grande propósito de vida que Deus espera de mim. Minha missão neste mundo é construir um legado de cuidado, amor e dedicação às pessoas com deficiências. E minhas profissões são meus instrumentos mais importantes para realizar essa obra enquanto viver.

Estou diminuindo esse aspecto da minha carreira para priorizar meu próprio bem-estar, mas não estou parando. Aos 56 anos, percebo que é importante desacelerar um pouco. Também estou me reconectando com minha fé, buscando equilíbrio e não me deixando levar pelo deslumbramento de outras pessoas. Muitos podem zombar de mim por ter deixado a Suíça, mas nem tudo é luxo. Eu corri atrás dos meus sonhos e não me permiti desistir.

A educação sempre foi meu refúgio em momentos difíceis. Ela me salvou em inúmeras situações ruins. Acredito que todos podem encontrar seu propósito em qualquer profissão e em qualquer idade. Não se deixe parar, motive-se e saiba que tudo é possível. Vale a pena perseverar e não desistir diante dos primeiros obstáculos. É normal chorar e sofrer, mas o importante é seguir em frente.

Continuo acreditando que a educação é capaz de nos salvar e nos abrir portas. É uma jornada que nos leva além de nossos limites e nos permite realizar coisas incríveis. Todos nós temos o poder de transformar nossas vidas e a vida daqueles ao nosso redor, por meio da educação e do comprometimento. Nunca se esqueça de que você é capaz de alcançar seus sonhos, mesmo quando o mundo diz o contrário.

Espero que esta jornada inspiradora tenha te motivado e o encorajado a perseguir seus próprios sonhos e objetivos, pois a educação, a determinação e a vontade de enfrentar desafios podem levá-lo a lugares incríveis. Nunca subestime o poder de transformação que existe em você. Que você encontre força e coragem para seguir em frente, superando obstáculos, aprendendo com as experiências e construindo uma vida cheia de significado e realizações. Acredite em si mesmo e nunca desista!

Desejo a você todo o sucesso em sua jornada e que encontre felicidade e realização em cada passo do seu caminho pessoal e profissional. Lembre-se de que você é o autor de sua própria história e que a educação pode te fazer despertar.

“

Lembre-se de que você é o autor de sua própria história e que a educação pode te fazer despertar.

Mônica Velsch Lichote de Lima

Rafaelly Sena

Sou Rafaelly Sena, nascida na cidade de Guanhães, criada em Belo Horizonte, ambas no estado de Minas Gerais. Estudei em colégios católicos graças a uma bolsa cedida por um padre. Atuei por anos na área de recursos humanos e departamento pessoal, onde aprendi a ouvir as pessoas, e isso gerou o desejo de me tornar terapeuta, sonho que realizei nos EUA, onde vivo e atuo em uma clínica de saúde mental.

Minha infância e adolescência não foram fáceis, mas percebi que, para cada desafio que a vida traz, existe uma super ação que pode mudar a história, e foram essas ações que me fizeram despertar para meu verdadeiro propósito.

rafaelly.sena

rafaellysenaa@gmail.com

+1 (774) 615-6510

O PODER DA SUPERAÇÃO

Rafaelly Sena

16

Na minha infância, posso dizer que não foi o melhor momento da minha vida, sentia que estava cercada de pessoas que me tratavam como inferior e indigna, e eu concordava com elas. Sempre me senti um pouco rejeitada, a ausência dos meus pais fortalecia esse sentimento. Apesar da minha avó materna ter assumido o papel dos meus pais na minha vida, ter me acolhido com todo amor, desde os meus 9 meses de idade, e feito o melhor que ela poderia, ainda assim, não me sentia pertencente. Por vários momentos, eu me culpei por me sentir assim, pois não queria ser ingrata com essa mulher incrível que se tornou minha base, minha fonte de força e inspiração.

Minha infância e adolescência foram desafiadoras, mesmo assim, sempre soube que havia algo especial dentro de mim, uma chama que brilhava intensamente e, impulsionada por esse sentimento interno, consegui convencer um padre a me conceder uma bolsa de estudos de 100% em um colégio católico particular. Sempre fui curiosa e apaixonada por conhecimento. E esse foi um momento de virada em minha vida. Com uma determinação inabalável, mergulhei nos estudos e me tornei uma aluna dedicada e apaixonada pelo saber.

Embora tenha enfrentado adversidades, aprendi a carregar comigo o orgulho de minha história. A falta dos meus pais e a sensação de não ter um lar seguro me acompanharam por muito tempo, mas nunca deixei que isso me definisse. Passei por momentos de profunda tristeza e, com o tempo, esses momentos começaram a vir acompanhados por pensamentos suicidas, mas todas as vezes que cheguei ao meu limite, sempre encontrei força dentro de mim para continuar.

Lembro-me de uma ocasião em que parei no alto do viaduto Castelo Branco, no auge do desespero, o mundo parecia pesado demais para suportar, mas algo dentro de mim me segurou, uma voz interior que sussurrou: *"Você é forte o suficiente para superar isso."* Era Deus me avisando que tudo poderia mudar. E assim, com a minha fé e a lembrança das palavras inspiradoras da minha avó e dos pastores da igreja onde cresci, fui capaz de encontrar esperança em meio à escuridão e segui acreditando que poderia transformar minha vida e encontrar meu lugar no mundo.

Meu primeiro emprego foi como faxineira na região da Pampulha, em Belo Horizonte. Eu me lembro de andar de carona na bicicleta do marido da vizinha, porque não tinha como me locomover até o trabalho. A vida nunca foi fácil, mas sempre soube que cada desafio era uma oportunidade de crescimento.

Em meio aos momentos de desespero e frustração com a minha própria vida, comecei a fazer vários cursos tentando colocar meu foco em algo além da dor, mas parecia que no Brasil não havia espaço para mim. Até que as coisas mudaram radicalmente. Minha dedicação e perseverança foram me trazendo resultados que jamais acreditei que conseguiria alcançar.

Decidi ir para os EUA tentar algo novo, eu já tinha familiares lá, sempre ouvia as histórias e via as fotos de todos nesse país, que parecia incrível e cheio de oportunidades. Porém o começo em outro país foi difícil, um novo idioma, novos costumes. É como se você nascesse de novo, e eu renasci. Comecei trabalhando na área da faxina e percebi que a limpeza era muito diferente do Brasil, confesso que ganhava muito pouco, mas estava muito entusiasmada pela oportunidade de poder recomeçar.

Gradualmente, fui ganhando mais confiança e conhecimento para conseguir meus próprios clientes, até que construí minha própria empresa de limpeza nos Estados Unidos, país que sempre esteve nos meus sonhos mais profundos. Foi o meu lugar de recomeço, o lugar que me deu a chance de reescrever minha história.

Enquanto cuidava da minha filha sozinha, estudava incansavelmente para me tornar uma terapeuta. Eu sabia que precisava adquirir conhecimento e habilidades para ajudar outras pessoas a encontrarem o caminho de autocura e da superação em suas vidas, assim como encontrei na minha. Lembro-me de noites em que estudava até tarde, após um longo dia de trabalho, buscando conhecimento, sabedoria para aprender essa nova língua e me tornar a melhor versão de mim mesma.

Confesso que a fé contribuiu muito para que aguentasse passar por esse período sem desistir. Eu repetia para mim mesma, a todo momento, o quanto era importante manter o foco nas coisas que realmente queria, porque não era a primeira dificuldade da minha vida, sabia que essas fases difíceis, assim como as do passado, também passariam. Então, pensava na dignidade que daria para a minha filha, e isso me deu forças para seguir em frente, sendo sempre honesta comigo mesma e com os outros. Foi isso que contribuiu para que as coisas dessem certo.

A vida me presenteou com oportunidades maravilhosas. Em uma das faxinas que fazia, tive que levar minha filha, pois ela não poderia ficar sozinha. Ela comentou com a dona da casa que nos EUA eu era faxineira, mas no Brasil, eu era terapeuta. Jamais poderia imaginar que esse comentário dela mudaria tudo. Essa mulher, a quem sou grata, ofereceu-me um emprego em sua clínica, pois sua empresa precisava de profissionais que falassem português e inglês, nesse momento, percebi o quanto valeu a pena toda a dedicação em aprender o idioma. Realizei cursos nas áreas de saúde mental e inteligência emocional em inglês e comecei a trabalhar nessa empresa americana, cuidando dos meus compatriotas.

A cada passo dado, sentia meu espírito se elevar e minha confiança se fortalecer. Eu estava abraçando meu verdadeiro propósito, que era a missão de ajudar as pessoas a encontrarem seu caminho e viverem suas vidas com plenitude. Aquele era o meu despertar. Hoje, atendo brasileiros e faço relatórios complexos em inglês, para a clínica onde trabalho, que atua em parceria com órgãos do governo americano (semelhante à assistência social e conselho tutelar no Brasil). Jamais imaginaria que poderia chegar tão longe.

Sou bem-sucedida na minha profissão e estou prestes a iniciar minha jornada como palestrante. Cada obstáculo superado foi um degrau a mais em minha escalada rumo ao sucesso. Acreditei em mim mesmo quando ninguém mais acreditava. Encontrei coragem no meio do medo e construí uma vida extraordinária com minhas próprias mãos e com ajuda de Deus.

Embora minha jornada tenha sido repleta de dificuldades, escolhi encará-las de frente e acreditar que poderia superá-las. Minha fé, meu foco e minha determinação me guiaram durante todos esses anos. Cada lágrima derramada e cada desafio enfrentado moldaram-me em uma mulher de coragem e resiliência. Acredito firmemente que cada experiência difícil é uma oportunidade para nos transformarmos e descobrirmos nossa verdadeira essência. A vida me provou que sou capaz de superar qualquer obstáculo e construir uma vida repleta de significado e propósito.

Minha filha está florescendo em seu próprio caminho, frequentando aulas de piano e fazendo parte de uma agência de modelos nos Estados Unidos. Eu continuo expandindo meus horizontes, mantendo minha empresa de limpeza e oferecendo terapia e *coaching* para aqueles que buscam transformação em suas vidas.

Para minha surpresa, Deus conseguiu ser ainda mais maravilhoso comigo, no ano passado, fui pedida em casamento no topo de Nova York, no *Empire State Building*. Essa pessoa maravilhosa me mostrou que posso voltar a amar e que o amor pode ser leve, respeitoso e cuidadoso, sem causar traumas ou feridas.

Já estávamos namorando há algum tempo, mas eu ainda tinha aquele receio por medo das relações anteriores fracassadas e tóxicas.

Então orei a Deus para que me desse um sinal de que ele seria a pessoa certa, e o sinal veio. Quando ele se ajoelhou para fazer o pedido e abriu a caixinha, o anel era em formato de cruz e, naquele segundo, soube que Deus havia preparado tudo para essa união. Fiquei noiva e, em 2023, casamo-nos em Las Vegas. Foi muito além do que poderia imaginar. E o que mais me marcou foi quando ele me disse que, a partir daquele momento, nem eu e nem minha filha estávamos mais sozinhas no mundo, ele tem cumprido essas palavras com maestria, a cada dia de nossas vidas.

Nossa união como família nos impulsiona a crescer e a alcançar novos patamares profissionais e pessoais. Juntos, estamos construindo nossos sonhos e nos apoiando mutuamente em nossas jornadas empreendedoras. O que antes parecia um sonho distante, agora se tornou nossa realidade e estamos prontos para abraçar todas as possibilidades que o futuro reserva.

Essa é a história de uma mulher determinada a mudar sua vida, uma história de superação, fé e perseverança. Que ela sirva de inspiração para todos que enfrentam desafios, lembrando que dentro de cada um de nós há uma força capaz de transformar os sonhos em realidade. E assim, com o coração cheio de gratidão e a alma transbordando de alegria, concluo esta incrível jornada de superação. Cada palavra escrita e cada emoção compartilhada foi uma lembrança de como é possível transformar os desafios em oportunidades e alcançar nossos sonhos mais audaciosos.

Que esta história inspire você a acreditar em si mesmo, a abraçar suas adversidades como degraus para o sucesso e a nunca perder a esperança, mesmo nos momentos mais sombrios. Lembre-se de que você tem dentro de si todos os recursos para conquistar o que deseja. Que você encontre sua verdadeira paixão, seu propósito de vida, e siga em frente com coragem e fé, pois cada desafio superado tornará você mais forte, mais resiliente e mais preparado(a) para enfrentar o que quer que a vida lhe reserve.

E quando as dúvidas surgirem, quando o medo tentar tomar conta de você, lembre-se desta história de perseverança e sucesso. Lembre-se de que você é capaz de escrever sua própria narrativa, de transformar seus sonhos em realidade e de deixar um legado inspirador para as gerações futuras. Que a luz dentro de você brilhe intensamente, iluminando o seu caminho e o guiando rumo a uma vida plena e significativa. Acredite no seu potencial, cultive seus dons e talentos e nunca deixe de lutar por aquilo que realmente importa. Que você desperte para viver uma jornada incrível, assim como você.

Mude suas ações, transforme sua história.

Rafaelly Sena

Regiane Sena

Sou Regiane Sena, paulista, filha amada de Deus, esposa do Everton, mãe da Nicole e da Elisa. Sou terapeuta integrativa especialista no Universo Emocional Feminino, pelo Instituto Motiva.

Administradora, empreendedora e artesã. Atuo com mulheres há mais de 10 anos, levando autoconhecimento, equilíbrio emocional, autocura e conhecimento sobre a ciclicidade feminina para viverem conforme sua verdadeira essência. Estou à disposição para te ajudar a viver a sua essência.

regianesena.terapeuta

+55 (11) 97335-3452

VIVER A SUA ESSÊNCIA É MUITO MAIS LEVE

Por Regiane Sena

17

Nasci em 14 de março de 1983, em um lar humilde, porém me sentia amada e parte daquela família, sou a primogênita e única mulher de 3 irmãos. Meus pais tinham um casamento estável e eu conseguia perceber o amor e o cuidado deles comigo. Minha infância foi muito boa, mas havia limitações pela minha personalidade. Era tímida e extremamente insegura, sempre esperava aprovação das pessoas, sentia-me inferior, pensava que as pessoas não gostavam de mim, sentia-me fora deste mundo e incapaz de muitas coisas.

Lembro-me de que tinha muita dificuldade em matemática e, por esse motivo, ainda que sem maldade, havia uma comparação com meu irmão mais novo, pois ele conseguia resolver os cálculos e eu demorava muito. Isso me trazia muita insegurança e sentimento de inferioridade, realmente acreditava que era burra. Na minha adolescência, vivia refém do que os outros pensavam ou acreditavam. Eu simplesmente não tinha opiniões próprias, era a famosa "Maria vai com as outras", o que queria mesmo era agradar as pessoas, queria que elas gostassem de mim, odiava desagradar quem quer que seja, pois achava que seria rejeitada e ficaria sozinha.

Dessa forma, fui deixando de ser eu mesma para viver uma vida de agradar as pessoas ao meu redor. Eu me perdi da minha essência, tornei-me alguém sem personalidade, sem visão e sem sonhos próprios. Ainda na minha adolescência, conheci o meu marido, costumo dizer que foi um amor de adolescente que se tornou para vida inteira. Foi ele quem me ajudou e ajuda até hoje a me tornar uma pessoa melhor e mais autêntica. Com ele, descobri que ser eu mesma é algo extraordinário.

Mas foi também na minha adolescência, onde vivi um dos momentos mais difíceis da minha vida, o divórcio dos meus pais, um momento que trouxe muitas dores, mas também muito aprendizado e amadurecimento. Amo meus pais com todas as minhas forças e sou muito grata a eles por tudo que fizeram e fazem por mim. Sou grata até mesmo pelas dores, pois sei que elas me fizeram crescer.

Aos 15 anos, eu me vi em uma casa com tantas responsabilidades das quais nem sabia por onde começar, tornei-me dona de casa, mãe dos meus irmãos, ajudante do meu pai e supridora da nossa casa também, já que meu pai não trabalhava nessa época. Foi um acúmulo de sentimentos e frustrações, tudo aquilo parecia que não teria fim. Infelizmente, por conta de tantas influências, fiquei anos sem falar com minha mãe, sem procurar entender o lado dela, apenas sentia raiva e julgava sem ao menos ouvir o que ela tinha a me dizer.

Nessa mesma época, ouvi sobre quando ela engravidou de mim, que não foi uma gravidez desejada, que ela sangrou por meses, que ela apanhou dos pais dela e que, quando nasci, nasci com uma deformidade física no pé direito. Todas essas informações não foram fáceis de serem digeridas e acabaram apenas alimentando ainda mais a ferida que estava aberta.

Afinal, eu era apenas uma menina e não entendia muito o que estava acontecendo, mas apesar da dor, foi um momento de muito crescimento pessoal, onde pude ver o cuidado e amor de Deus com a minha vida. Foi nesse período de extrema instabilidade emocional, que desejei morrer, desejei acabar com a minha vida. Era uma tristeza sem fim e meu esposo, na época, meu namorado, apresentou-me Jesus.

Com tanto amor, fui acolhida nos braços do Pai eterno, onde encontrei forças para prosseguir, mesmo em meio a tanta dor. E foi através de Jesus que entendi o poder do perdão, compreendi os motivos pelos quais minha mãe havia tomado aquela decisão, quais dores a levaram a ter sentimentos e decisões tão importantes. E então, o Senhor foi restaurando nosso relacionamento, nossa proximidade. Hoje temos um relacionamento completamente restaurado, saudável e lindo. Costumo dizer que muito melhor do que antes.

Apesar da minha dificuldade com matemática, formei-me em Administração e Finanças, trabalhei por 5 anos em uma empresa na área financeira, apesar de não me identificar com os números, sempre cumpri minhas responsabilidades com excelência e dedicação. Lembro-me de um teste que fiz e que lá dizia que eu precisava aparecer, pois me escondia muito, diziam que eu precisava parar de "engolir sapos", precisava falar o que sentia, mas simplesmente não conseguia, seguia a vida sendo muitas vezes humilhada, mas de boca fechada, afinal, precisava ser legal com todo mundo, mas não percebia que aquilo só não era legal para mim.

Engravidei da minha primeira filha e decidi sair do trabalho para me dedicar exclusivamente a cuidar dela, desejava estar próxima e viver aquele momento tão especial da maternidade. Quando me vi cuidando somente da casa, filha e marido, comecei a me sentir muito mal, sentir-me inútil, desvalorizada e então comecei a trabalhar com artesanato. Isso já era um hobby para mim e, após 4 anos trabalhando em casa, decidimos ter nosso próprio empreendimento, abrimos uma loja de artesanatos. Ali pude aprender muitas coisas, conheci muitas pessoas, ouvi muitas histórias e vivi também muitas histórias emocionantes.

Na loja, iniciei dando aulas de artesanato, para mim, inicialmente, eram apenas técnicas, mas com o passar dos anos, vi que não era isso que me encantava, o que gostava era de ver a transformação de cada aluna que entrava ali. Mulheres procuravam o artesanato como uma forma terapêutica para amenizar a dor da depressão, das crises de ansiedade, da síndrome do pânico entre outras. E por conta do meu trabalho com artesanato, era nítido observar a evolução de cada mulher.

Durante 7 anos, trabalhei com as aulas e, em um determinado momento, minhas alunas começaram a me trazer algumas demandas emocionais das quais desejava ajudá-las, porém não sabia como fazer, não tinha uma ferramenta ou conhecimento específico para isso. E então, engravidei da minha segunda filha, comecei a orar a Deus para que conseguisse cuidar dela e pudesse ajudar as mulheres. Deus me deu algumas direções, mas como chegar em um lugar que nem mesmo eu sabia ao certo?

Na verdade, não me achava capaz de ter outra profissão, de aprender algo novo, na minha visão, seria para sempre uma artesã. Mas como os pensamentos de Deus são muito maiores que os nossos, estava um dia vagando pela internet e encontrei um curso chamado TEPM. O nome me chamou muito a atenção e me identifiquei muito com a mentora Juliana Souza. Vi que se tratava de um curso de terapia especializada para mulheres e a metodologia me despertou interesse, apesar de não entender nada sobre o tema. Estava em uma situação financeira bem complicada, mas a terapia para mulheres ardeu em meu coração de tal forma, que conversei com meu marido e minha mãe para ter apoio, e eles foram peças fundamentais para que iniciasse nessa nova jornada.

Iniciei os estudos e então passei a viver um momento de profundo autoconhecimento e autocura na minha vida, através de cada conhecimento que fui adquirindo e aplicando, aquilo fazia muito sentido para mïm e a transformação começou a acontecer. Aprendi que dentro de cada uma de nós existe uma criança, uma adolescente, uma jovem muitas vezes gritando por socorro, precisando ser acolhida, ser amada e, em vez de agir como uma mulher, era a minha criança que controlava minha vida.

Os medos, as inseguranças e a inferioridade faziam parte da ferida da rejeição que estava aberta e sangrando dentro de mim. Descobri que para sobreviver, de forma inconsciente, era necessário colocar uma máscara e me proteger de todas as formas, evitando ao máximo a exposição para que não corresse o risco de sentir a dor da rejeição mais uma vez.

E então, com a consciência de mulher, compreendi a importância de acolher meus pais, afinal, eles também foram crianças um dia e carregaram dores, sem eles, nunca seríamos completos, não podemos esquecer que o nosso DNA vem deles, eles são a nossa base. Entendi que ser mulher não é ruim, não é um peso e um fardo. Ser mulher é presente de Deus, pois somos as únicas geradoras de vida, sim, somos mulheres de fases, e isso também nos faz especiais. Temos uma ciclicidade só nossa e que podemos utilizar as potencialidades e desafios de cada fase a nosso favor.

A inteligência emocional para nós é diferente, pois nossos hormônios oscilam todos os dias, dessa forma, nosso emocional e nosso comportamento também oscilam. A partir de então, passei a olhar para cada mulher, cada ser humano de uma forma única, com olhar de acolhimento e menos julgamento. E foi durante as sessões terapêuticas, enquanto passava pelo processo, pude acolher a minha criança de uma forma linda, perdoar e acolher meus pais, entender o verdadeiro poder de ser mulher e ver que todos os recursos que preciso, na verdade, já se encontram dentro de mim.

A partir de então, minha vida foi transformada. Minha família, meu marido, minhas filhas, todos ao meu redor foram positivamente impactados pela minha mudança. O meu jeito de olhar para tudo e todos é outro, porque agora não olho mais pela perspectiva da dor, e sim do amor e do acolhimento. Claro que tenho muito para aprender, crescer e desenvolver, mas o autoconhecimento é libertador.

Iniciei meu trabalho como terapeuta, atendendo algumas pessoas de forma gratuita para adquirir experiência. No começo, parecia ser tudo tão difícil, mas à medida que eu transbordava o conhecimento adquirido, algo dentro de mim queimava, de tal forma que o desejo de expandir e levar para mais e mais mulheres tem se tornado o meu grande propósito.

Hoje, atendo em consultório presencial e também online, e a cada paciente que vou acompanhando a transformação, meu coração transborda de tanto amor e alegria. Faço também grupos terapêuticos, vivências e workshops. É simplesmente realizador ajudar mulheres a serem curadas, a viverem livres de julgamentos, de máscaras e de algemas que as aprisionam.

Sou muito grata a Deus por ter me permitido viver tudo que vivi, sou grata a mim por ter me permitido viver até aqui, grata a minha família, meu marido, minhas filhas e minha mãe, que me apoiou o tempo todo. Hoje, despertei para o meu propósito, reconstruí a perspectiva sobre o meu passado, com o coração cheio de gratidão e vivendo minha essência, sigo tentando alcançar mais e mais mulheres para que juntas possamos curar as próximas gerações.

"

É possível viver uma vida mais leve, mas para isso, é preciso conhecer a sua essência.

Regiane Sena

ANOTAÇÕES

ANOTAÇÕES

ANOTAÇÕES

ANOTAÇÕES

ANOTAÇÕES

ANOTAÇÕES